KB101866

곁에 두고 쉽게 배우는 오늘의 역사

최태성의 365 한국사 일력

최태성 지음

프런트페이지
FRONTPAGE

소중한 ＿＿＿＿＿＿＿님의

의미 있고 행복한 ＿＿＿＿＿＿＿년을 응원합니다.

"한 번의 인생, 어떻게 살 것인가"

– 이회영

어느 날, 강연장에서 이런 질문을 받았습니다.
"매일 반복되기만 하는 일상이 너무 재미가 없습니다.
어떻게 해야 할까요?"

어떤 답을 드려야 할까 잠시 고민하다가,
이렇게 제 생각을 공유했습니다.
"저 역시 마찬가지인데, 하루하루 대단한 이벤트를
경험하는 사람은 많지 않을 것 같아요.
똑같은 일상이라도 매일에 '의미'를 부여한다면
재미있고 건강한 삶에 조금 더 가까워지지 않을까요?"

되풀이되는 일상에서 제가 찾은 방법은
매일 아침 과거 오늘에 있었던 역사적 순간을
SNS에 올리는 것이었습니다.
삶의 해답을 역사에서 찾으려는
제가 발견한 매일의 '의미'지요.

글 최태성

누적 수강생 600만 명, 대한민국 대표 역사 강사

고교 시절 성적이 잘 나와 역사를 잘 하는 것으로 착각하고 사학과에 진학했다. 그러나 대학교 1학년 때 우연히 보게 된 5·18민주화운동 영상으로 그간 알고 있던 역사적 사실에 회의를 느끼게 됐다. 그 후 지난 30년간 고등학교 역사 교사, 한국사 교과서 집필, TV 역사 프로그램 진행, 역사 강연 등의 활동을 하며 '역사란 무엇인가'라는 질문에 대한 답을 찾는 여정을 이어왔다. 지금은 '역사란 사람을 만나는 인문학'임을 믿으며 과거의 시간과 사람에 대한 애정을 가슴에 담고 살아가고 있다.

· 전 대광고등학교 교사, EBS 한국사 대표 강사
· 유튜브 채널 '최태성 1TV', '최태성 2TV' 무료 강의 진행
· 사랑의열매 고액 기부자 모임 '아너 소사이어티' 회원 및 사랑의열매 홍보대사
· KBS 〈역사저널 그날〉, tvN STORY 〈벌거벗은 한국사〉 등 출연

그 매일매일이 쌓여
《최태성의 365 한국사 일력》으로 세상에 나오게 되었습니다.
몇십 년, 몇백 년 전 오늘에 있었던 일을 들여다보면서
하루를 시작할 힘을 얻고,
하루를 감사히 마무리할 수 있다면 좋겠습니다.
더 나아가 오늘의 사건과 인물이
여러분에게 여러 의미를 선물하기를 바랍니다.

오늘은 누군가가 그렇게 소망했던 내일이라고 합니다.
비로소 오늘이 시작됩니다.
과거의 오늘과 함께, 의미 있는 오늘을 만들어봅시다.

2023년 11월 대나무숲에서
큰별쌤 최태성

그림 표정욱(욱쌤)

디자인을 전공하고 16년간 광고 아트디렉터로 일했다. 의류 브랜
드 사업 및 취미 미술 학원을 운영하다 클래스101에서 드로잉 클
래스를, 유튜브 및 인스타 채널을 운영하고 있다. 아트부산 2023,
조형아트서울 2023 등에 참가하며 작가 활동을 이어가고 있다.

· 인스타그램 @wookssem017
· 유튜브채널 '환쟁이욱쌤'

1. 오늘의 역사 선정

2012년부터 SNS에 꾸준히 올린 역사 속 오늘을 바탕으로 매일의 한국사를 선정했습니다. 반만년 한국사 전체를 대상으로 고대사부터 현대사까지 두루 담으려 노력했으나 삼국부터 고려까지는 날짜가 불분명한 경우가 많아 조선 이후의 비중이 높은 편입니다. 또한 윤년을 고려해 2월 29일 사건도 소개해 총 366개의 이야기를 담았습니다.

2. 양음력 사용

우리나라에서 태양력이 시행된 1896년 1월 1일 이후의 일은 양력 날짜로 표기했습니다.

3. 작품 및 간행물 표기

정치, 경제, 사회, 문화 전 분야를 아울렀기에 작품과 간행물도 여럿 소개되었습니다. 소제목, 노래 제목 등은 홑화살괄호(〈〉), 단행본, 신문 등의 간행물은 겹화살괄호(《》)로 표시했습니다.

4. 덧붙여

일반에서는 널리 '광개토대왕'으로 불리나, 국강상광개토경평안호태왕(國罡上廣開土境平安好太王)이라는 시호를 줄여 '광개토태왕'으로 표기했습니다. 다만 광개토태왕 비석은 '광개토왕릉비'로 표기했습니다.

최태성의 365 한국사 일력

초판 1쇄 인쇄   2023년 10월 6일
초판 1쇄 발행   2023년 11월 9일

지은이   최태성
연구·검수   곽승연, 이상선, 김혜진, 권혜성(모두의 별★별 한국사)

편집   김민진
그림   표정욱
디자인   studio weme
마케팅   최지은
제작   357제작소

펴낸곳   ㈜프런트페이지
펴낸이   임경진, 권영선
출판등록   2022년 2월 3일 제2022-000020호
주소   경기도 파주시 회동길 37-20, 304호
전화   070-8666-7031(편집), 031-942-0203(영업)
팩스   070-7966-3022
메일   book@frontpage.co.kr
인스타그램   instagram.com/frontpage_books
네이버 포스트   https://post.naver.com/frontpage_book

ⓒ최태성, 2023

ISBN   979-11-93401-00-2 (03910)

1월

1월 1일 **근하신년**

1월 2일 **노비세습제 폐지**

1월 3일 **영조 탕평 추진**

1월 4일 **묘청의 난**

1월 5일 **김지섭 의거**

1월 6일 **무과법 실시**

1월 7일 **경복궁 흠경각 완성**

1월 8일 **선덕여왕 사망**

1월 9일 **한양 도성 축성**

1월 10일 **문화재보호법 공포**

1월 11일 **호남선 완공**

1월 12일 **장용영 확대 설치**

1월 13일 **원산총파업**

1월 14일 **박종철 사망**

1월 15일 **소의 장씨 희빈 승격**

1월 16일 **이육사 순국**

1월 17일 **비담의 난 진압**

1월 18일 **파리강화회의 개최**

1월 19일 **충선왕 즉위**

1월 20일 **조선물산장려회 창립**

1월 21일 **고창전투**

1월 22일 **김상옥 자결**

1월 23일 **최익현 강화도조약 반대**

1월 24일 **로잔남북체육회담 개최**

1월 25일 **신해통공 실시**

1월 26일 **전형필 사망**

1월 27일 **태극기 국기 채택**

1월 28일 **공노비 해방**

1월 29일 **사직단 설치**

1월 30일 **삼전도 굴욕**

1월 31일 **이동휘 사망**

1961년 KBS TV 개국

오늘, KBS의 전신인 서울텔레비전방송국이 개국합니다. 채널 번호 9번
이 배당되었고, 이후 동양방송, 문화방송 등이 문을 열면서 전국적으로
텔레비전 방송망이 구축되었지요. 인터넷 등이 발달하기 전까지만 해
도 저녁이 되면 온 가족이 모여 텔레비전을 보는 것이 일상이었습니다.
올해의 마지막 날, 가족들과 함께 텔레비전을 보며 오붓하게 마무리하
는 것은 어떨까요? 올 한 해도 행복하셨기를 바랄게요.

🔍 **연관 날짜** | 1983년 6월 30일 이산가족찾기 생방송

1

근하신년

오늘은 새해 첫날입니다. 연초가 되면 한 해의 길흉화복을 토정비결로 점치는데 이 책 《토정비결》은 토정 이지함이 지었다고 전해집니다. 민생을 위해 헌신한 관리였던 그는 백성들에게 특별한 존재였지요. 그가 다방면에 학식이 높다는 말이 퍼지자 운을 봐달라고 찾아오는 사람이 많았다고 합니다. "올해는 잘될 겁니다"라는 말을 기대했겠지요. 고된 삶에 지친 백성들에게 토정비결은 어쩌면 '희망' 그 자체였을 것입니다.

| Q 연관 날짜 | 1756년 4월 24일 박문수 사망 |

30

1917년 윤동주 출생

오늘, 부끄러움을 노래한 시인이자 독립운동가 윤동주가 태어납니다. 윤동주는 폭탄 대신 글로 싸운 독립운동가였습니다. 창씨개명을 하고 일본어로 공부할 수밖에 없는 자신의 모습에 부끄러움을 느끼고 시로 남겼지요. "죽는 날까지 하늘을 우러러 한 점 부끄럼이 없기를" 바랐던 시인. 그러나 자신의 부끄러움을 고백할 수 있다는 것은 얼마나 대단한 용기인가요? 나라를 잃은 사람들의 번뇌가 그의 시를 통해 전해집니다.

🔍 **연관 날짜**   1944년 1월 16일 이육사 순국

1886년 노비세습제 폐지

오늘, 고종이 노비세습제 폐지를 공포합니다. 전국적으로 노비 해방 운동이 격렬하게 일어나자 부모가 노비면 자식도 노비 신분을 세습받는 제도를 폐지한 것이지요. 하지만 이때 노비제 자체가 사라진 것은 아니었고, 8년 후 갑오개혁으로 신분제와 노비제가 법적으로 폐지되었습니다. 이렇듯 우리는 근대를 향해 뚜벅뚜벅 나아가고 있었습니다.

Q 연관 날짜	1894년 6월 28일 제1차 갑오개혁 실시

1910년 회사령 제정

오늘, 일제가 회사령을 제정합니다. 회사령은 회사 설립, 운영, 해산 등 회사에 관한 전 과정을 규정한 것으로, 주요 골자는 한국 내에 회사를 세우려면 조선총독의 허가가 필요하다는 것이었습니다. 이로 인해 금융, 전기, 철도 등 주요 산업은 일본 기업이 장악하고 한국인에게는 소규모 제조업 등만이 허가됐죠. 일제의 산업 통제로 민족 자본 성장은 크게 위축되었습니다.

🔍 **연관 날짜**   1923년 1월 20일 조선물산장려회 창립

1725년 영조 탕평 추진

오늘, 영조가 탕평정치를 명합니다. 환국정치로 말미암은 붕당의 폐단을 지적하고 극심한 당쟁이 빚은 문제들을 정리하기 위해 당파에 상관없이 인재를 고루 등용하겠다는 뜻이었죠. 여러 채소를 섞어 먹는 탕평채가 여기서 유래됐다는 이야기가 있습니다. 성균관 앞에 세워진 탕평비에서도 영조의 강한 의지를 엿볼 수 있지요. "원만하여 아첨하지 않음은 곧 군자의 공심이요, 아첨하고 원만하지 않음은 바로 소인의 사심이다."

Q **연관 날짜** | 1758년 9월 16일 금주령 선포

1945년 모스크바 3상회의 발표

오늘, 모스크바 3국 외상회의 결과를 담은 의정서가 공식 발표됩니다. 제2차 세계대전 전후 처리 문제를 논의하기 위해 모스크바에서 미국, 영국, 소련 3개국의 외상회의가 열렸지요. 이 회의에서 한국의 임시정부 수립과 이를 위한 미소공동위원회 설치, 일정 기간의 신탁통치가 결정되었습니다. 그러나 이러한 회의 결과가 국내에 전달되는 과정에서 오해가 발행했고 좌우대립이 심화되는 결과를 낳았지요.

<table>
<tr><td>🔍 연관 날짜</td><td>1946년 3월 20일 제1차 미소공동위원회</td></tr>
</table>

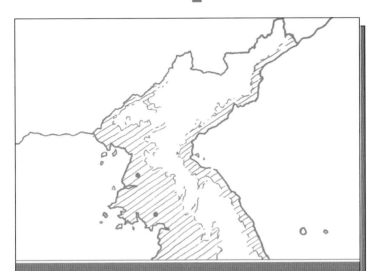

1135년 묘청의 난

오늘, 서경천도운동을 이끌던 승려 묘청과 서경 출신 신진 관리들이 반란을 일으킵니다. 그들은 나라의 어려움을 해결하기 위해 기운이 왕성한 서경으로 수도를 옮길 것과 칭제건원을 제안했습니다. 그러나 기득권이었던 개경 세력의 반대로 실패하고 말았죠. 이에 반란을 일으켰지만 결국 진압당하고 맙니다. 문벌의 권력 독점으로 고려 지배 체제가 한계가 도달했음을 보여주는 사건이지요.

Q **연관 날짜**   1126년 2월 25일 이자겸의 난

1351년 공민왕 즉위

오늘, 원명교체기에 반원 자주 정책을 펼친 공민왕이 즉위합니다. 공민왕은 원의 세력이 약해진 틈을 타 개혁 정치를 펼쳤습니다. 빼앗긴 영토를 회복하고, 몽골풍을 금지했으며 원과 친한 권문세족을 견제했지요. 급격한 개혁 탓에 신하들에게 피살되고 말았지만, 그가 등용한 신진사대부들은 훗날 개혁의 주체가 되어 조선을 개국했습니다.

🔍 **연관 날짜** | 1361년 11월 24일 홍건적 개경 함락

1924년 김지섭 의거

오늘, 의열단원 김지섭이 일본 궁성 이중교에 폭탄을 던집니다. 1923년 일본이 관동대학살을 벌이자 일본 천황을 폭살하고 조선의 굳건한 독립 의지를 알리고자 했죠. 그러나 두 발의 폭탄이 모두 불발되며 사로잡히고 말았습니다. 그는 옥중에서도 항거를 멈추지 않고 단식 투쟁을 전개하다 순국했습니다. 일본의 상징이었던 천황을 폭살하려 했던 김지섭의 의거는 큰 울림을 전해주었습니다.

Q **연관 날짜** 1921년 9월 12일 김익상 의거

1536년 이이 출생

오늘, 유학자이자 정치가 율곡 이이가 태어납니다. 이이는 신사임당의 아들로, 그 어렵다는 과거 시험에서 아홉 차례나 장원을 차지한 공부의 신이지요. 《성학집요》, 《격몽요결》 등의 책을 쓰고, 다양한 개혁안을 제시했습니다. 조선이 당면한 문제 해결을 위해 수미법, 십만양병 등을 제안했지만 받아들여지지 않았고, 오히려 바른 말을 하다 탄핵당하기도 했죠. 그러나 그는 포기하지 않고 꾸준히 나라와 백성을 생각했습니다.

🔍 **연관 날짜** | 1592년 4월 13일 임진왜란

1402년 무과법 실시

오늘, 무관 선발을 위한 시험 '무과'가 조선에서 처음 시행됩니다. 과거제는 고려 시대에 도입됐지만 무과는 거의 시행되지 않았습니다. 문반과 무반의 균형 있는 운영을 위해 고려 말 무과 실시가 건의됐지만 시행이 쉽지 않았지요. 1402년이 되어서야 조선 태종이 왕권 강화를 위해 사병을 혁파한 뒤 무과를 시행합니다. 태종의 군제 개혁의 일환이었지요.

🔍 **연관 날짜** | 1398년 8월 26일 제1차 왕자의 난

1949년 성탄절 제정

오늘은 성탄절입니다. 예수의 탄생을 축하하는 성탄절은 선교사들에 의해 우리나라에 처음 소개되었습니다. 하지만 그때는 신자가 많지 않아 영향력이 적었고, 20세기에 언론에서 성탄절을 소개하며 비신자들에게도 축제 같은 날로 인식됐지요. 광복 후 미군정이 성탄절을 공휴일로 삼고, 이승만 정부가 이를 이어받아 법정공휴일로 지정했습니다. 성탄절 이브에는 야간통행금지도 해제됐다고 하니 연말에 특별한 선물 같았겠지요?

🔍 **연관 날짜** 1975년 4월 8일 석가탄신일 제정

1438년 경복궁 흠경각 완성

오늘, 옥루를 설치했던 흠경각이 경복궁에 완성됩니다. 흠경각이라는 이름은 세종이 지은 것으로 '하늘을 공경하여 백성에게 때를 일러준다'는 문구에서 따온 이름입니다. 장영실은 중국은 물론 아라비아 물시계 문헌까지 연구해 세계 최고 수준의 자동 물시계 옥루를 만들었습니다. 자격루가 백성들을 위한 표준 시계였다면 옥루는 자신을 총애해 준 임금 세종을 위해 만든 장영실의 특별한 선물이었지요.

🔍 **연관 날짜** | 1434년 10월 2일 앙부일구 설치

1907년 오산학교 설립

오늘, 우리나라 최초의 사립 중학교인 오산학교가 설립됩니다. 평양에서 안창호의 연설을 듣고 감명을 받아 신민회에 가입한 사업가 이승훈이 전 재산을 털어 평안북도 정주군에 4년제 중등 과정의 학교를 세운 것이지요. 일제의 감시와 탄압 속에서도 우리말과 글을 가르쳤던 오산학교는 학생들 가운데 나라를 구할 지도자가 나오리라는 믿음으로 민족 교육을 멈추지 않았습니다.

🔍 **연관 날짜**   1942년 10월 29일 김약연 사망

647년 선덕여왕 사망

오늘, 우리 역사 최초의 여왕인 선덕여왕이 사망합니다. 642년 백제에 대야성을 빼앗기자 선덕여왕은 신라를 혁신했습니다. 높이 80미터에 이르는 황룡사9층목탑을 세워 삼국의 주인공이 되리라는 의지를 보여주었고, 비주류인 김춘추와 김유신을 등용해 각각 외교와 군사 방면에서 활약할 수 있게 했죠. 결국 삼국을 통일한 나라는 신라. 선덕여왕의 비전대로 신라가 최후의 승자가 됐지요.

🔍 **연관 날짜** | 673년 7월 1일 김유신 사망

1987년 야간통행금지 해제

오늘, 전국 모든 지역에서 야간통행금지가 해제됩니다. 조선 시대 치안 목적으로 시행됐던 통금은 고종 때 폐지됐다가 광복 후 미군정에 의해 되살아납니다. 밤 12시를 알리는 사이렌 소리가 울리면 새벽 4시경 해제될 때까지 통행이 금지됐지요. 해제가 논의된 것은 86서울아시안게임과 88서울올림픽 개최 확정 이후부터였습니다. 1982년에는 대부분 지역이, 1987년에는 접전 지역까지 전면 해제됐습니다.

🔍 **연관 날짜** | 1988년 9월 17일 서울올림픽 개막

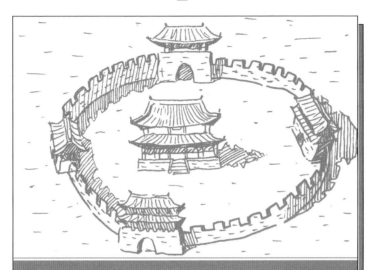

1396년 한양 도성 축성

오늘, 조선의 수도 한양에 도성이 축성되기 시작합니다. 태조 이성계는 새로운 수도를 방어하기 위해 정도전에게 도성 설계를 명하지요. 정도전은 한양을 둘러싼 4개의 산 능선을 따라 약 18킬로미터에 이르는 성곽을 두르고 동서남북에 대문과 소문을 건설하기로 했습니다. 한양 도성은 현존하는 세계의 도성 중 가장 오랫동안 도성 기능을 수행했다고 알려져 있지요.

Q 연관 날짜	1396년 9월 24일 한양 4대문 명명

1977년 수출 100억 달러 달성

오늘, 대한민국은 수출 100억 달러 목표를 달성합니다. 당시 연간 수출액 100억 달러를 넘긴 나라는 한국을 포함해 22개뿐이었죠. 전쟁을 겪으며 최빈국으로 전락했던 한국이 20여 년 만에 눈부신 경제 성장을 이루자 외신들도 '한강의 기적'이라 평가했지요. 이날 광화문과 서울역 등에는 수출 100억 달러 달성을 축하하는 대형 아치가 세워졌습니다.

🔍 **연관 날짜**   1973년 7월 3일 포항제철 준공식

1962년 문화재보호법 공포

오늘, 대한민국 문화재를 계승하기 위한 문화재보호법이 공포됩니다. 문화재청은 1962년 12월에 숭례문을 포함한 문화재 116건을 국보로, 이듬해 1월에는 흥인지문을 포함한 423건을 보물로 일괄 지정했죠. 초기에는 지정 순서에 따라 번호를 매겼으나 이를 가치 순위로 오해할 여지가 있어 2021년에 문화재 지정 번호를 삭제했습니다.

🔍 **연관 날짜** | 1962년 1월 26일 전형필 사망

1880년 통리기무아문 설치

오늘, 조선 정부가 개화 정책을 총괄하는 통리기무아문을 설치합니다. 강화도조약으로 나라의 문을 연 조선은 개화 정책을 체계적으로 담당할 기구의 필요성을 느끼게 됩니다. 그래서 통리기무아문을 설치해 사절단 파견, 별기군 설치 등 군사·외교·무역 등 부국강병과 관련된 개화 정책을 주관하게 했지요. 그러나 2년 뒤 임오군란으로 흥선대원군이 재집권하면서 폐지됩니다.

Q **연관 날짜**   1882년 6월 9일 임오군란

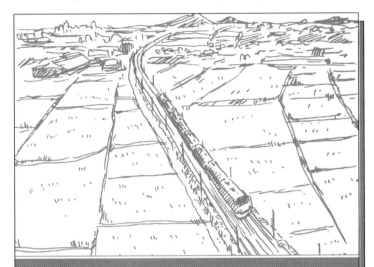

1914년 호남선 완공

오늘, 대전과 목포를 잇는 호남선이 전 구간 개통됩니다. 전라도 일대에 펼쳐진 호남평야와 나주평야의 곡창지대는 일제의 수탈이 가장 극심하게 자행된 곳이었습니다. 일제는 쌀 집산지 주변에 철도역을 짓고 철도를 부설해서 이곳에서 수확되는 농수산물을 일본으로 반출했지요. 수탈을 견디지 못한 호남지역 농민들은 고향을 떠나 도시와 만주 등지로 떠나기도 했습니다.

🔍 **연관 날짜** | 1897년 3월 22일 경인선 기공식

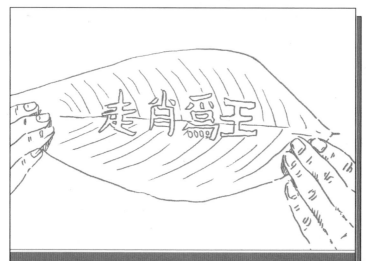

1519년 조광조 사망

오늘, 시대를 앞서간 개혁가 조광조가 사망합니다. 조선 문신이자 정치가 조광조는 유교적 이상 정치를 구현하기 위해 다양한 개혁을 시도했습니다. 그러나 과격하고 급진적인 개혁 탓에 그를 등용한 중종마저 등을 돌렸죠. 결국 그의 개혁을 못마땅하게 여긴 훈구파가 나뭇잎에 꿀로 '주초위왕'이라 쓰고 벌레가 갉아먹게 만드는 계략을 꾸며 기묘사화가 일어났습니다. 조광조는 이때 사약을 받고 죽음을 맞이하게 되었죠.

🔍 **연관 날짜** | 1506년 9월 2일 중종반정

1793년 장용영 확대 설치

오늘, 정조가 친위 군영인 장용영을 확대 설치합니다. 강력한 왕권을 위해서는 군권 장악이 필수지요. 하지만 당시 5군영은 실질적으로 노론이 장악하고 있었습니다. 정조는 왕의 처소에 자객이 침입한 사건을 명분으로 친위 부대인 장용영을 설치해 5군영의 군사력을 약화시키고 왕권을 강화하려 했죠. 화성 행차 중에 많은 사람 앞에서 장용영의 대규모 군사 훈련을 선보이기도 했습니다.

🔍 **연관 날짜** | 1776년 9월 25일 창덕궁 규장각 설치

1932년 윤봉길 순국

오늘, 수통 폭탄을 투척해 일본군을 폭살한 독립운동가 윤봉길이 순국합니다. 한인애국단 일원으로 상하이 훙커우공원에서 열린 일왕 생일 및 전승축하기념식에 폭탄을 던진 윤봉길은 그 자리에서 체포된 후 모진 고문을 받고 총살되었지요. 그의 나이 고작 만 25살이었습니다. 영원한 청년으로 기억될 그의 의거는 중국인들을 감동시켰고 이후 중국 국민당 정부가 대한민국 임시정부를 지원하는 계기를 마련해주었지요.

🔍 **연관 날짜** | 1946년 7월 6일 삼(三)의사 국민장

1929년 원산총파업

오늘, 원산에서 대규모 노동자 총파업이 시작됩니다. 원산 인근의 한 석유 회사에서 일본인 감독이 한국인 노동자를 구타한 사건이 발생하자 노동 자들이 분노하며 근무 조건 개선 등을 요구했습니다. 하지만 회사는 협의 사항을 이행하지 않고 오히려 노동자들을 탄압했죠. 이에 원산 지역 노동 자들이 대규모 총파업을 일으켰습니다. 원산총파업은 노동자들이 단결해 벌인 항일 투쟁이자 일제강점기 최대 규모의 노동운동이었습니다.

🔍 연관 날짜	1970년 11월 13일 전태일 분신

1811년 홍경래의 난

오늘, 평안도에서 차별 대우와 수탈로 고통받던 평안도민들이 홍경래를 중심으로 봉기를 일으킵니다. 여기에는 농민뿐 아니라 광산 노동자, 유민들도 포함되어 있었지요. 4개월간 지속된 봉기는 관군이 정주성을 함락한 뒤 무차별적 학살을 벌이며 마무리됩니다. 살기 위해 일어선 민초들의 목소리를 듣지 않고 그저 반란군으로 취급해버린 조정. 결국 백성들의 불만이 폭발해 임술년에 대규모 농민 봉기로 이어졌습니다.

🔍 **연관 날짜** | 1862년 2월 4일 임술농민봉기

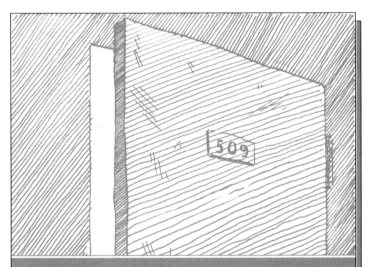

1987년 박종철 사망

오늘, 전두환 정권의 독재에 저항하던 대학생 박종철이 고문에 의해 사망합니다. 경찰은 수배자 소재 파악을 위해 박종철을 불법으로 체포한 뒤, 남영동 대공분실 509호 조사실에서 폭행과 물고문 등을 가했지요. 결국 박종철은 사망하고 맙니다. 치안본부장은 그의 죽음을 "책상을 탁 치니 억 하고 죽었다"며 거짓말로 숨기려 했지만 결국 진실이 알려지면서 분노케 해 6월 민주항쟁의 불씨가 지펴졌지요.

🔍 **연관 날짜** | 1987년 6월 10일 6월 민주항쟁

1476년 《삼국사절요》 편찬

오늘, 노사신을 포함한 문신들이 역사서 《삼국사절요》를 편찬합니다.
계유정난으로 왕위를 찬탈한 세조는 정통성을 세우기 위해 역사책을 편
찬하도록 지시했습니다. 이렇게 시작된 《동국통감》 편찬 사업은 세조
대에 완성되지 못하고, 성종 대에 이르러서야 《삼국사절요》로 완성됐지
요. 단군조선부터 삼국의 흥망성쇠를 담고 있고, 객관적인 시선에서 역
사를 서술했다는 의의가 있습니다.

Q **연관 날짜** 　1453년 10월 10일 계유정난

1689년 소의 장씨 희빈 승격

오늘, 숙종이 후궁인 소의 장씨가 낳은 아들을 원자로 종묘사직에 고하고, 장씨를 희빈으로 높였습니다. 그리고 얼마 뒤 왕비인 인현황후를 폐하고 장희빈을 왕비로 승격시켰지요. 이 과정에서 인현왕후를 대변하는 서인과 장희빈을 대변하는 남인 간에 목숨을 건 정국 변동이 벌어졌습니다. 결국 원자 정호를 반대했던 서인들은 대대적으로 숙청됐고 남인들이 집권하게 됩니다. 이를 기사환국이라고 부르지요.

🔍 연관 날짜	1725년 1월 3일 영조 탕평 추진

1232년 처인성전투 승리

오늘, 고려의 승려 김윤후가 백성들과 함께 처인성에서 몽골의 군대와 맞섭니다. 몽골의 침입은 약 30년에 걸쳐 지속됐습니다. 이에 고려 백성들은 스스로 일어나 싸웠지요. 대표적인 전투가 처인성 전투인데요, 이 전투에서 김윤후는 몽골의 적장 살리타를 화살로 쏴 사살합니다. 대몽골 제국이라 불리던 몽골의 장수가 고려 백성과의 싸움에서 목숨을 잃은 대단한 전투였지요.

🔍 **연관 날짜**   1251년 10월 11일 해인사 대장경 완성

1944년 이육사 순국

오늘, 독립운동가이자 시인이었던 이육사가 사망합니다. 이육사는 의열단에 가입해 항일운동에 힘쓰며 무려 17번이나 투옥되었지요. 본명인 이원록 대신 사용한 이육사라는 이름도 수인번호 264에서 따온 것이었습니다. 마지막 수감 생활 중 차디찬 감옥에서 생을 마감한 이육사. 독립운동을 하며 수많은 고초를 겪은 그는 말합니다. 천고의 뒤에, 백마를 타고 오는 초인이 이 광야에서 노래를 부르리라고 말이죠.

🔍 **연관 날짜**   1917년 12월 30일 윤동주 출생

1950년 흥남철수

오늘, 6·25전쟁 중 함경남도 흥남부두에서 대규모 철수 작전이 펼쳐집니다. 인천상륙작전 이후 국군과 연합군은 38선을 넘어 북진했지만 중국군이 개입하면서 전세가 불리해졌죠. 이에 약 열흘에 걸쳐 철수가 이뤄졌습니다. 당시 흥남에는 많은 피난민도 몰려 있었는데, 메러디스 빅토리 호는 선적했던 무기를 버리고 피난민을 태웠지요. 거제도로 향하는 3일간의 항해가 무사히 끝나 '크리스마스의 기적'이라고도 불립니다.

🔍 **연관 날짜**   1953년 7월 27일 정전협정 체결

647년 비담의 난 진압

오늘, 상대등 비담이 일으킨 난이 진압됩니다. 신라는 골품제 때문에 성골만이 왕위를 이을 수 있었습니다. 더 이상 성골 출신 남자가 없자 선덕여왕이 즉위했고, 뒤를 이어 또 여왕이 즉위할 예정이었죠. 그러자 귀족회의 주재자로, 당시 신라 최고 관직 상대등이었던 비담이 여왕은 잘 다스리지 못한다며 반란을 일으켰습니다. 그러나 10여 일 만에 김유신의 토벌군에게 진압되었고 왕실은 위기에서 벗어납니다.

🔍 **연관 날짜**	647년 1월 8일 선덕여왕 사망

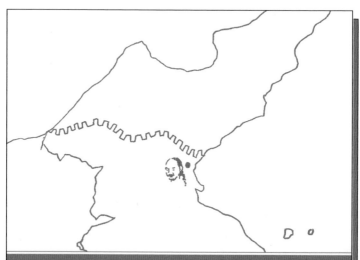

1258년 쌍성총관부 설치

오늘, 몽골이 고려 동북면에 쌍성총관부를 설치합니다. 몽골과의 잦은 전쟁으로 삶이 피폐해진 동북면의 일부 고려 군민이 투항하자 몽골은 통치기구인 쌍성총관부를 지어 관할 지역과 주민들을 다스리게 했지요. 1356년 공민왕이 원의 간섭에서 벗어나기 위한 반원정치를 펼치고 동북면에 대대적인 정벌을 단행하면서 쌍성총관부는 폐지되었습니다.

🔍 **연관 날짜** | 1351년 12월 27일 공민왕 즉위

1919년 파리강화회의 개최

오늘, 제1차 세계대전의 전후 처리 문제를 논의하기 위해 파리강화회의 가 개최됩니다. 이 회의에서 각 민족은 정치적 운명을 스스로 결정할 권리가 있다는 윌슨의 민족자결주의가 채택됐죠. 그러나 이는 패전국의 식민지에만 적용되고 승전국 식민지에는 적용되지 않았습니다. 일본의 식민지였던 우리나라도 마찬가지였지요. 하지만 이를 전해 들은 우리 민족은 희망의 불씨를 품고 독립에 대한 꿈을 키웠습니다.

| 🔍 연관 날짜 | 1919년 2월 8일 2·8독립선언 |

제5차 남북 고위급 회담
1091. 12. 10 — 12. 13

1991년 남북기본합의서 체결

오늘, 남북 평화 통일의 기틀을 마련한 남북기본합의서가 채택됩니다. 북방 외교를 대외 정책 기조로 내건 노태우 정부는 서울에서 열린 제5차 남북고위급회담에서 화해 및 불가침, 교류와 협력을 강조한 기본 사항을 합의했지요. 이를 통해 우리는 통일이 이념의 문제가 아니라 민족의 문제임을 알 수 있습니다.

🔍 **연관 날짜** ｜ 1991년 8월 8일 남북 동시 유엔 가입 결의

1298년 충선왕 즉위

오늘, 고려 왕과 몽골 공주 사이에서 태어난 최초의 혼혈 국왕 충선왕이 즉위합니다. 그는 즉위 직후 정치, 경제, 사회 전반에 걸쳐 과감한 개혁을 추진했지만 8개월 만에 원에 의해 강제 퇴위당했고, 10년 뒤 복위해 다시 한번 개혁을 추진하지만 곧 정치에 싫증을 느껴 두 달 만에 원으로 돌아가 버렸지요. 이후 원에 학술 연구기관이자 독서당인 만권당을 세워 고려와 원 사이에 문화 교류의 장을 마련했습니다.

🔍 **연관 날짜** | 1260년 3월 21일 원종 즉위

1993년 백제금동대향로 발견

오늘, 부여 능산리사지에서 백제금동대향로가 출토됩니다. 진흙 속에서 발견됐는데 백제인이 나당 연합의 공격을 피할 때 묻은 것으로 보입니다. 덕분에 1,400여 년이 지났는데도 원형 그대로 보존되었지요. 금동대향로는 향을 피우는 제례용 도구로 뚜껑에는 신선들이 사는 세계가, 받침에는 용의 입에서 피어나는 연꽃이 묘사되어 있습니다. 아름다운 향로를 통해 백제인들이 꿈꾸던 이상 세계를 짐작해 볼 수 있지요.

🔍 연관 날짜	660년 7월 18일 백제 멸망

1923년 조선물산장려회 창립

오늘, 서울에서 조선물산장려회 발기 총회가 개최됩니다. 일제는 조선 경제를 위축시키고 일본 자본을 성장시키기 위해 한반도에 회사령을 공포했습니다. 이 때문에 조선인 자본가들은 큰 타격을 받을 수밖에 없었지요. 이에 조선물산을 장려하고 조선인의 산업을 진흥하기 위해 조선물산장려회가 조직되었습니다. '조선 사람, 조선 것'을 슬로건으로 내걸며 조선물산장려운동을 전개했지요.

Q 연관 날짜	1910년 12월 29일 회사령 제정

1968년 광화문 재건

오늘, 일제강점기에 이전됐던 광화문이 41년 만에 재건됩니다. 경복궁의 정문인 광화문은 일제강점기에 총독부청사 건설로 경복궁 동쪽으로 이전됐고, 6·25전쟁 중에 포탄을 맞아 축대만 남기고 불타버렸지요. 이에 박정희 정부는 광화문을 제 위치에 가깝게 이전해 콘크리트 구조물로 재건했습니다. 이 광화문은 약 30년 동안 유지되다가 총독부청사 철거 이후, 제자리를 찾아 2010년에 새롭게 복원되었지요.

🔍 **연관 날짜**   1910년 7월 23일 데라우치 통감 부임

930년 고창전투

오늘, 고려와 후백제 사이에 고창전투가 일어납니다. 고려 태조 왕건이 후백제 견훤을 상대로 대승을 거둬 후삼국 통일의 결정적인 계기가 되어준 전투죠. 이 전투에서 유래된 민속놀이가 양쪽에서 밀어붙이며 힘을 겨루는 차전놀이입니다. 고창은 현재의 전북 고창이 아니라 경북 안동인데요, 전투를 평정한 왕건이 '내가 비로소 동쪽을 편안케 했다'는 뜻으로 고창에 안동이라는 이름을 내려준 것이 지금까지 전해지고 있지요.

🔍 **연관 날짜** | 943년 5월 29일 태조 왕건 사망

1941년 대일선전포고

오늘, 대한민국 임시정부가 일본에 공식적으로 전쟁을 선언합니다. 일본이 태평양전쟁을 일으키자 대한민국 임시정부는 대일 선전 성명서를 발표하고, 임시정부의 정규군인 한국광복군을 연합군의 일원으로 참전시켰죠. 이후 1943년 한국광복군은 영국의 요청으로 인도와 미얀마 전선에 투입되기도 했습니다.

🔍 **연관 날짜** | 1941년 12월 7일 일본 진주만 기습

1923년 김상옥 자결

오늘, 종로경찰서에 폭탄을 던졌던 의열단원 김상옥이 자결합니다. 종로 경찰서는 독립운동가를 탄압하기로 악명 높았던 곳인데 투탄 의거로 일제 식민통치의 근간을 뒤흔든 것이죠. 일제의 철저한 탐문으로 은신처가 발각되자 그는 홀로 1,000여 명의 일본 경찰과 총격전을 벌입니다. 탄환이 떨어지자 "대한 독립 만세"를 외치며 마지막 한 발로 자결했지요. 그가 원했던 것은 그저 나라의 독립이었습니다.

🔍 **연관 날짜**	1924년 1월 5일 김지섭 의거

1863년 흥선대원군 봉작

오늘, 아들 고종이 즉위함에 따라 흥선군 이하응이 대원권으로 봉작됩니다. 당시 고종의 나이가 12살이었기 때문에 흥선대원군이 섭정을 했죠. 세도정치로 백성의 삶이 무너지고 열강이 호시탐탐 조선을 노리는 상황에서 흥선대원군은 나라를 구하기 위해 강력한 개혁 정치를 펼쳤습니다. 하지만 근대로 나아가는 길목에서 시대의 흐름을 읽지 못하고 개혁 방향을 왕조 유지에 두어 한계를 보였지요.

🔍 **연관 날짜**   1868년 4월 18일 남연군묘 도굴사건

1876년 최익현 강화도조약 반대

오늘, 최익현이 일본과 맺은 강화도조약 체결을 결사 반대하는 〈병자지부복궐소〉를 올립니다. 성리학을 따르는 선비로서 조선이 주체성을 잃지 않아야 한다고 생각한 그는 열강의 간섭을 막기 위해 조약 체결을 반대했죠. 고종 친정의 일등공신이었지만 서슴지 않고 거세게 비판했습니다. 나라를 지키려는 일관성 있는 보수주의자의 모습이었지요. 이후 그는 을미의병을 이끌며 일본의 국권 침탈에 맞섰습니다.

🔍 **연관 날짜**	1876년 2월 3일 강화도조약 체결

1402년 태조 이성계 한양 환궁

오늘, 고향 함흥에 머물던 태조 이성계가 한양으로 환궁합니다. 왕자의 난을 일으킨 아들 이방원이 마침내 왕위에 오르자 상심해 고향으로 떠났다가 무학대사의 간청으로 돌아온 것이죠. 전하는 이야기에 따르면 이때 이방원이 아버지를 맞이하러 나갔는데, 이성계가 그를 향해 화살을 쐈다고 합니다. 운 좋게 이방원은 기둥 뒤에 숨어 목숨을 건졌지요. 이성계와 이방원의 갈등이 얼마나 심했는지 보여주는 대표적인 장면입니다.

🔍 **연관 날짜** | 1398년 8월 26일 제1차 왕자의 난

1963년 로잔남북체육회담 개최

오늘, 1964년 도쿄올림픽을 앞두고 남북은 IOC 주재로 단일팀 참가를 위한 회의를 개최합니다. 이 회의에서 민족 고유의 〈아리랑〉을 국가로 제창하자는 합의를 이끌어냈죠. 분단 이후 처음으로 남북 대표들이 마주 앉아 의견을 교환했다는 점에서 의미가 있습니다. 그러나 아쉽게도 남북한은 의견 차를 좁히지 못해 합의는 끝내 결렬되고 말았습니다.

🔍 **연관 날짜** | 2000년 7월 28일 통일탁구대회 개최

1941년 일본 진주만 기습

오늘, 일본이 미국 하와이의 진주만을 기습합니다. 워싱턴 D.C에서 일본 외교관과 미국 국무장관이 협상을 벌이는 동안 일본은 진주만의 해군 기지를 공습하기로 계획한 것이죠. 미국 함선 7대가 침몰됐고, 항공기 188대가 격추되었으며 미군 2,335명의 사망자가 발생했습니다. 다음 날 미국이 일본에 전쟁 선포하면서 태평양전쟁이 시작됐죠. 훗날 히로시마와 나가사키 원자폭탄 투하로 일본은 패망했습니다.

Q **연관 날짜** | 1945년 8월 15일 광복

1791년 신해통공 실시

오늘, 시전 상인의 특권을 일반 상인에게도 허용한 신해통공이 실시됩니다. 조선 후기에는 나라의 허가를 받은 시전 상인만이 종로에서 장사를 할 수 있었습니다. 그들에게는 난전을 금지하는 '금난전권'이라는 특권이 있었지요. 신해통공은 이 권리를 폐지해 상행위를 자유롭게 하는 정책으로, 이 덕분에 누구든 마음껏 장사할 수 있게 되었습니다. 이로써 조선 후기 상공업은 중흥기를 맞이하게 되었지요.

🔍 **연관 날짜** | 1985년 8월 9일 《대동여지도》 보물 지정

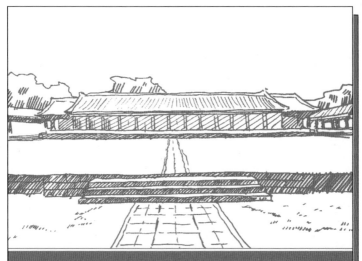

1995년 종묘 유네스코 등재

오늘, 조선의 국가 사당인 종묘가 유네스코 세계문화유산에 등재됩니다. 서울 종로구에 있는 종묘는 조선 시대 역대 왕과 왕비의 신주를 모신 곳으로, 조선이 효를 중시하는 유교를 근간으로 세워진 나라임을 잘 보여줍니다. 왕조가 지속될수록 증축을 거듭해 현재의 모습에 이르렀는데요, 이 때문에 종묘를 죽은 자들을 위한 살아 있는 건축이라 말하기도 합니다.

| 🔍 연관 날짜 | 1395년 1월 29일 사직단 설치 |

1962년 전형필 사망

오늘, 우리나라 문화재 수호에 힘썼던 간송 전형필이 사망합니다. 그는 우리나라 최초의 사립 미술관인 보화각을 건립하고 해외로 반출될 뻔한 〈미인도〉, 청자상감운학문매병 등을 사비를 털어 사들였죠. 《훈민정음 해례본》에는 당시 기와집 11채 값을 지불하기도 했습니다. 우리 문화유산을 지키기 위해 고군분투한 그의 노력 덕분에 귀중한 문화재들이 반출되지 않고 우리 곁에 남아 있게 되었습니다.

🔍 **연관 날짜** | 1962년 1월 10일 문화재보호법 공포

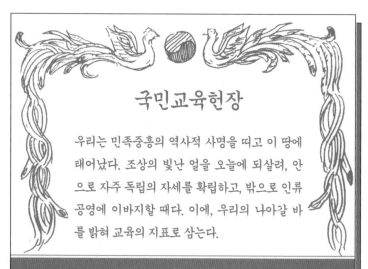

국민교육헌장

우리는 민족중흥의 역사적 사명을 띠고 이 땅에
태어났다. 조상의 빛난 얼을 오늘에 되살려, 안
으로 자주 독립의 자세를 확립하고, 밖으로 인류
공영에 이바지할 때다. 이에, 우리의 나아갈 바
를 밝혀 교육의 지표로 삼는다.

1968년 국민교육헌장 선포

오늘, 대통령령에 의해 국민교육헌장이 선포됩니다. 국민교육헌장은 학
생뿐만 아니라 교사, 공무원, 일반 회사원도 달달 외우고 낭독해야 했습
니다. 제대로 외우지 못할 경우 학생들은 체벌을 받고 성인들은 징계를
받는 경우가 많았지요. "우리는 민족중흥의 역사적 사명을 띠고 이 땅에
태어났다"로 시작하는 국민교육헌장. 우리의 존재 이유가 국가에 귀속
되어 있다고 말하는 박정희 정부의 국가주의를 보여줍니다.

Q **연관 날짜**   1970년 8월 8일 히피성 청소년 단속

1883년 태극기 국기 채택

오늘, 태극기가 우리나라 국기로 공식 지정됩니다. 태극기는 1882년 박영효가 일본 수신사로 파견되면서 태극 도안의 기를 사용한 것이 효시로 알려져 있죠. 이후 고종이 태극 주위에 4개의 괘를 덧붙임으로써 공식 국기로 채택되었습니다. 태극기는 일제강점기에 우리 민족의 독립에 대한 열망을 나타내는 상징이기도 했지요. 그리고 지금도 나라의 국기로서 기쁠 때나 슬플 때나 우리와 함께하고 있습니다.

Q **연관 날짜** | 1968년 8월 7일 〈대한제국 애국가〉 발견

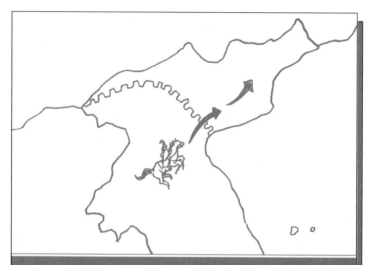

1107년 윤관 여진 정벌

오늘, 윤관이 여진을 정벌하기 위해 전쟁에 나섭니다. 앞서 정벌에 나섰다가 패하고 돌아온 윤관은 강력한 기병대를 기반으로 한 별무반을 창설했죠. 1107년 12월 1일 윤관과 오연총은 별무반을 포함한 17만 대군을 거느리고 평양에서 출정해 파죽지세로 함주, 영주, 웅주, 길주, 복주, 공험진 등을 탈환했습니다. 이후 여진을 소탕하고 탈환한 지역에 동북 9성을 축성함으로써 고려의 영토임을 공고히 했죠.

Q **연관 날짜** | 1031년 9월 9일 강감찬 사망

1801년 공노비 해방

오늘, 순조가 공노비 해방을 선포합니다. 조선 후기 역동하는 사회와 경제로 인해 신분제는 크게 동요했고, 세금을 내는 상민의 수가 줄어드는 현상이 발생하자 공노비를 해방한 것이죠. 순조는 승정원에 노비안을 거두어 돈화문 밖에서 불태우라 명했고, 이로써 6만 6,000여 명이 양인으로 신분 해방되었습니다. 조선의 신분제도는 이렇게 변화를 맞이하고 있었습니다.

🔍 **연관 날짜** | 1886년 1월 2일 노비세습제 폐지

1921년 조선어연구회 조직

오늘, 한글학자 주시경의 제자들을 중심으로 조선어연구회가 조직됩니다. 1908년 주시경이 창립한 국어연구학회가 모체로 임경재, 최두선 등 16명이 중단되었던 국어 연구를 위해 재건했죠. 이들은 우리말과 글을 통해 민족 정신을 고취하고자 했으며 지금의 한글날인 '가갸날'을 정하고 기관지인 《한글》을 간행하였습니다. 이 조직은 훗날 1931년 조선어학회로 이어집니다.

🔍 **연관 날짜**   1946년 10월 9일 한글날 지정

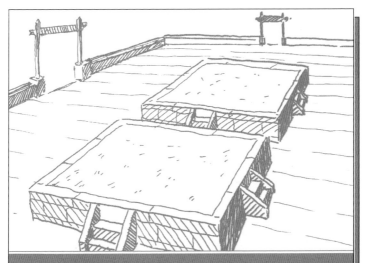

1395년 사직단 설치

오늘, 땅의 신과 곡식의 신에게 제사를 지내는 제단인 사직단이 세워집니다. 조선을 건국한 태조 이성계는 한양으로 도읍을 옮기면서 경복궁을 기준으로 왼쪽에 종묘, 오른쪽에 사직을 두는 좌묘우사의 원칙을 따랐습니다. 풍년을 기원하며 신에게 제사를 지냈던 것은 농경사회였던 조선에서 풍년은 곧 국가의 안녕과 민생 안정을 의미했기 때문입니다. 해마다 사직에 제사를 지내는 일이 국가의 중대사였지요.

🔍 **연관 날짜** | 1995년 12월 6일 종묘 유네스코 등재

774년 김대성 사망

오늘, 20년간 불국사와 석굴암 창건을 주관한 재상 김대성이 사망합니다. 《삼국유사》에 따르면 김대성은 현세의 부모를 위해 불국사를, 전세의 부모를 위해 석굴암을 창건했다고 합니다. 그에 관해 여러 설화가 전해지고 있지만 학자들은 김대성이 통일신라 시대 진골 귀족으로 완공을 보지 못하고 죽자 신라 왕실이 이를 완성시킨 것으로 보고 있지요. 불국사와 석굴암은 1995년 유네스코 세계문화유산에 등재되었습니다.

🔍 **연관 날짜** | 1966년 10월 13일 《무구정광대다라니경》 발견

1637년 삼전도 굴욕

오늘, 인조가 삼전도에서 청 태종에게 항복 의식을 치릅니다. 당시 조선의 외교 정책은 친명배금으로 후금을 배척했는데, 세력을 키운 후금이 나라 이름을 청으로 바꾸고 조선을 굴복시키기 위해 병자호란을 일으켰습니다. 인조는 남한산성에서 항쟁했지만 결국 삼전도로 나와, 청 태종에게 세 번 절하고 아홉 번 고개를 조아리는 '삼배구고두례'를 행하며 치욕스러운 항복 의식을 치르고 맙니다. 이를 삼전도의 굴욕이라 하지요.

| 🔍 연관 날짜 | 1645년 4월 26일 소현세자 사망 |

1975년 최초 국산차 포니 생산

오늘, 우리나라 고유 모델 1호 자동차인 '포니'가 생산됩니다. 현대그룹 정주영 회장은 한국의 자동차 수출을 꿈꾸며 1973년부터 독자 생산 모델 개발에 착수했죠. 이름은 전 국민 공모를 열어, 조랑말을 뜻하는 '포니'가 발탁됐습니다. 그렇게 포니는 출고된 해에만 1만 대 이상 팔리면서 마이카(My Car) 시대를 열었습니다.

🔍 **연관 날짜** | 1977년 12월 22일 수출 100억 달러 달성

1935년 이동휘 사망

오늘, 독립운동가 이동휘가 사망합니다. 신민회 간부로 활동하다 일제에
여러 번 체포된 그는 일제의 탄압을 피해 북간도로 망명했다가 권업회의
초청으로 러시아 연해주 신한촌으로 이주했습니다. 러시아를 주 무대로
독립운동을 펼쳤던 이동휘는 한국인 최초 사회주의 정당인 한인사회당
을 창당했고, 대한민국 임시정부의 초대 국무총리를 역임했지요.

| Q 연관 날짜 | 1919년 9월 11일 통합 임시정부 수립 |

12월

12월 1일 최초 국산차 포니 생산

12월 2일 김대성 사망

12월 3일 조선어연구회 조직

12월 4일 윤관 여진 정벌

12월 5일 국민교육헌장 선포

12월 6일 종묘 유네스코 등재

12월 7일 일본 진주만 기습

12월 8일 태조 이성계 한양 환궁

12월 9일 흥선대원군 봉작

12월 10일 대일선전포고

12월 11일 광화문 재건

12월 12일 백제금동대향로 발견

12월 13일 남북기본합의서 체결

12월 14일 쌍성총관부 설치

12월 15일 흥남철수

12월 16일 처인성전투 승리

12월 17일 《삼국사절요》 편찬

12월 18일 홍경래의 난

12월 19일 윤봉길 순국

12월 20일 조광조 사망

12월 21일 통리기무아문 설치

12월 22일 수출 100억 달러 달성

12월 23일 야간통행금지 해제

12월 24일 오산학교 설립

12월 25일 성탄절 제정

12월 26일 이이 출생

12월 27일 공민왕 즉위

12월 28일 모스크바 3상회의 발표

12월 29일 회사령 제정

12월 30일 윤동주 출생

12월 31일 KBS TV 개국

2월

2월 1일 **12목 설치**

2월 2일 **교육입국조서 반포**

2월 3일 **강화도조약 체결**

2월 4일 **임술농민봉기**

2월 5일 **금강산 육로 관광 개통**

2월 6일 **연산군 왕세자 책봉**

2월 7일 **김부식 사망**

2월 8일 **2·8독립선언**

2월 9일 **평창동계올림픽 개막**

2월 10일 **형평사 임시총회 개최**

2월 11일 **아관파천**

2월 12일 **행주대첩**

2월 13일 **주자소 설치**

2월 14일 **《농사직설》 배포**

2월 15일 **신간회 창립**

2월 16일 **교토의정서 발효**

2월 17일 **남극세종과학기지 준공**

2월 18일 **이완용 장례식**

2월 19일 **박연 의례 음악 정비**

2월 20일 **최만리 훈민정음 반대**

2월 21일 **국채보상운동**

2월 22일 **정약용 사망**

2월 23일 **한일의정서 조인**

2월 24일 **소록도 자혜의원 설립**

2월 25일 **이자겸의 난**

2월 26일 **금화도감 설치**

2월 27일 **갑인예송**

2월 28일 **2·28대구학생시위**

2월 29일 **광혜원 설립 허가**

2000년 위안소 국제법 위반 판결

오늘, 일본 도쿄 고등법원이 일본군'위안소' 설치가 당대 국제법을 위반한 행위였다는 판결을 내립니다. "위안소 설치는 (···) 국가에 그 책임이 있다"라며 일본군'위안부' 관련 소송 중 처음으로 위법 행위를 인정한 것이지요. 하지만 재일 한국인 송신도 할머니가 일본 정부를 상대로 청구한 사죄와 손해 배상에 대해서는 배상청구권 소멸을 이유로 기각했습니다.

🔍 **연관 날짜**   2017년 8월 14일 기림의 날 제정

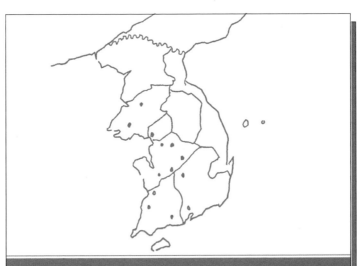

983년 12목 설치

오늘, 고려 성종이 처음으로 거점 지역에 12목을 설치하고 지방관을 파견합니다. 성종은 최승로의 개혁안 〈시무 28조〉를 받아들여 유교 정치 사상을 통치의 근본이념으로 삼고, 이를 바탕으로 통치 체제를 정비했습니다. 광종 이후 왕권이 안정되고 호족 세력은 약화된 상황에서 고려는 성종 대에 중앙집권체제를 강화하게 되었지요.

🔍 **연관 날짜** 943년 5월 29일 태조 왕건 사망

135.333

1954년 제2차 개헌안 통과

오늘, 사사오입 개헌이라 불리는 제2차 개헌안이 통과됩니다. 당시 여당이었던 자유당은 초대 대통령에 한해 중임 제한을 없앤다는 개헌안을 제출했습니다. 이 안이 통과되려면 국회 재적인원 203명 중 3분의 2인 135.333…명 이상이 찬성해야 했죠. 결과는 135표로 부결. 그런데 다음 날 자유당이 사사오입의 논리를 내세워 헌법개정안을 억지로 통과시킵니다. 이로써 이승만의 장기독재 기반이 마련됐죠.

🔍 **연관 날짜**   1960년 4월 19일 4·19혁명

則教育이 實로
國家保存하는 根本이라

1895년 교육입국조서 반포

오늘, 고종이 교육입국조서를 반포합니다. 이는 제2차 갑오개혁 중 발표된 교육에 관한 특별 조서였지요. 고종은 이 조서에서 국가의 부강이 지식의 개명에 달려 있다고 밝히고 근대 교육을 통해 부국강병을 달성하려 했습니다. 교육입국조서 반포는 근대식 학제가 성립되는 계기가 되었지요.

🔍 **연관 날짜** | 1894년 6월 28일 제1차 갑오개혁 실시

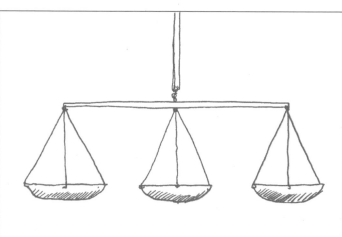

1941년 대한민국 건국강령 발표

오늘, 대한민국 임시정부가 조소앙의 삼균주의를 바탕으로 한 건국강령을 발표합니다. 여기에는 대한민국 임시정부가 광복 후 세우려 했던 국가의 모습이 담겨 있습니다. 개인이나 특정 계급에 의한 독재를 배격하는 민주공화국 건설을 꾀하고 개인·민족·국가 간 균등, 정치·경제·교육적 균등을 근본이념으로 삼았지요. 이는 1948년 대한민국 제헌헌법의 기초가 됩니다.

🔍 **연관 날짜** 1948년 7월 17일 대한민국 헌법 공포

1876년 강화도조약 체결

오늘, 우리나라가 맺은 최초의 근대 조약인 강화도조약이 체결됩니다.
일본이 운요호사건을 구실로 조선에 문호 개방을 강요하자 조선은 일본
과 조일수호조규 즉, 강화도조약을 체결했습니다. 강화도조약은 다른 나
라와 맺은 최초의 근대적 조약인 동시에 해안측량권과 치외법권 인정 등
이 포함된 불평등 조약이기도 했죠. 이후 조선은 본격적으로 자본주의
체제에 편입되고 일본의 경제 침탈을 맞닥뜨리게 됩니다.

🔍 **연관 날짜**   1880년 12월 21일 통리기무아문 설치

2002년 개성공단 경제특구 지정

오늘, 북한이 개성공단을 경제특구로 지정합니다. 개성공단 건설은 2000년 6·15남북공동선언 이후 남북 간 경제 협력 방안 중 하나로 추진된 것으로 남한의 자본과 기술, 북한의 인력을 결합하는 역사적인 사업이었죠. 2004년 개성공단 완공 이후 약 15개의 사업체가 입주했고 2012년에는 북한 근로자 5만 명을 돌파했으나, 2016년 대북제재로 가동이 중단되었고 지금까지 중단 상태가 이어지고 있습니다.

🔍 **연관 날짜**   2003년 2월 5일 금강산 육로 관광 개통

1862년 임술농민봉기

오늘, 농민들이 수탈에 반발해 임술농민봉기를 일으킵니다. 세도정치 시기에 지배층의 부정부패로 삼정의 문란이 극에 달하자 수탈을 견디지 못한 진주 농민들이 봉기한 것이지요. 봉기는 이웃마을로 퍼지기 시작했고 곧 경상도, 전라도, 충청도 등 전국적으로 확산됐습니다. 조선 후기 농민봉기는 제도 개혁까지 이끌어내지는 못했지만 농민의 사회의식을 성장시키는 계기가 되었습니다.

🔍 **연관 날짜** | 1862년 5월 26일 삼정이정청 설치

1986년 평화의 댐 건설 발표

오늘, 제5공화국에서 평화의 댐 건설 계획을 발표합니다. 북한이 임남 댐을 축조하자 전두환 정부는 이 댐이 방류되면 서울이 물바다가 될 것 이라며 대응을 위해 우리도 댐을 건설할 것을 주장했습니다. 이에 국민 모금운동이 벌어졌고 성금이 700억 원이나 모였지요. 하지만 1993년에 당시 안기부가 임남댐의 수공 위협을 크게 부풀렸다는 사실이 밝혀집니 다. 전두환 정권 말기에 시국 전환을 목적으로 조작된 사건이었지요.

🔍 **연관 날짜** 1988년 6월 27일 5공특위 구성

2003년 금강산 육로 관광 개통

오늘, 금강산으로 가는 육로 관광길이 열립니다. 판문점을 거치지 않고 다른 지역의 도로를 통해 남과 북을 왕래하는 것은 1953년 정전협정 체결 이후 처음 있는 일이었죠. 1998년에 시작된 금강산 관광사업은 그동안 해상 유람선을 통해 해로로만 유치됐는데, 육로를 통해 더욱 수월하게 오갈 수 있게 되었습니다. 하지만 2008년 7월 관광객 피살 사건 이후 현재까지 완전히 중단되었지요.

🔍 **연관 날짜** | 1796년 11월 25일 김만덕 포상

1796년 김만덕 포상

오늘, 조선의 거상 김만덕이 정조에게 제주 백성을 구휼한 공적을 인정
받습니다. 당시 제주는 극심한 흉년으로 많은 도민이 굶주림으로 고통받
았죠. 이에 김만덕은 "내가 이렇게 잘살게 된 것은 오로지 주위 사람들의
은덕이다"라고 말하며 30년간 모은 전 재산을 제주 백성을 위해 씁니다.
이웃의 어려움을 외면하지 않은 김만덕. 그의 선행을 보고받은 정조는
금강산 관광을 하고 싶다는 김만덕의 소원을 들어줍니다.

🔍 **연관 날짜**   1979년 8월 31일 장기려 막사이사이상 수상

1483년 연산군 왕세자 책봉

오늘, 조선 최악의 폭군 연산군이 세자로 책봉됩니다. 조선은 적장자가 왕위를 잇는다는 원칙이 있었지만 27명의 왕 가운데 적장자는 단 7명뿐 이었습니다. 연산군은 성종의 적장자로, 정통성을 확보한 왕위 계승자라 주위의 기대를 한몸에 받았지요. 그러나 즉위 후 어머니 폐비 윤씨가 아버지 성종의 사약을 받고 죽었다는 사실을 알게 되며 폭정을 펼쳤습니다. 결국 중종반정으로 폐위되고 말았지요.

🔍 연관 날짜	1498년 7월 12일 무오사화

1361년 홍건적 개경 함락

오늘, 홍건적이 난을 일으켜 고려 수도 개경이 함락됩니다. 10만 대군을 이끌고 침입한 홍건적을 피해 공민왕은 복주, 즉 지금의 안동으로 피신을 했습니다. 안동에 도착한 공민왕은 군사를 정비하고 전국에서 20만명의 근왕병을 모집해 반격을 준비했죠. 이듬해 1월 개경으로 진격한 고려군은 홍건적을 대파하고 압록강 건너로 내쫓는 데 성공했습니다.

🔍 **연관 날짜**   1351년 12월 27일 공민왕 즉위

1151년 김부식 사망

오늘, 고려 대표 문신 김부식이 사망합니다. 그는 과거에 급제한 이후 묘청이 일으킨 난을 진압하면서 고려의 핵심 세력으로 떠올랐습니다. 관직에서 물러나 노년에는 3년 동안 《삼국사기》 편찬을 주도했지요. 삼국시대 고구려, 백제, 신라의 역사가 담긴 《삼국사기》는 현존하는 우리나라 역사서 중 가장 오래되었죠.

🔍 연관 날짜	1135년 1월 4일 묘청의 난

11월

23

2010년 북한 연평도 포격

오늘, 북한이 연평도를 포격합니다. 평화로운 오후를 보내던 연평도 주민들은 갑작스러운 굉음과 치솟는 불길을 맞닥뜨립니다. 북한군은 기습적으로 170여 발의 포를 쏘았고, 해병대 연평부대는 포격이 시작된 지 13분 만에 자주포로 대응했죠. 해병대원과 민간인 4명이 사망하고 약 20명이 부상을 입은 안타까운 참사였습니다. 이후 남북관계는 급속도로 냉각되었지요.

🔍 **연관 날짜**   1968년 11월 2일 무장공비 침투사건

1919년 2·8독립선언

오늘, 도쿄에서 한국 유학생들이 2·8독립선언서를 발표합니다. 윌슨의 민족자결주의에 자극을 받은 재일유학생 600여 명이 일제의 중심부인 도쿄에서 조선의 독립을 선언했던 것이죠. 가두 시위에 나섰던 학생들은 대기하던 일본 경찰들에게 모두 체포되었지만, 국내외 독립운동가들에게 큰 자극을 주었습니다. 이들의 정신은 3·1운동으로 이어집니다. "조선 독립 만세!"

🔍 **연관 날짜** | 1919년 3월 1일 3·1운동

2007년 친일재산 국가 귀속

오늘, 제3차 친일재산 국가 귀속 결정이 내려집니다. 2005년 친일재산 귀속법이 시행된 덕분에 이완용의 재산이 국가에 귀속되었지요. 2007년에는 왕족 이해승 등 친일반민족행위자 8명 소유의 시가 410억 원에 달하는 토지를 몰수해 독립유공자 및 유족들에게 쓸 예정이었습니다. 그러나 친일파 후손들의 이의 제기로 여전히 법적 다툼이 진행 중입니다.

🔍 **연관 날짜** | 1948년 10월 22일 반민특위 설치

2018년 평창동계올림픽 개막

오늘, 평창에서 제23회 동계올림픽이 개최됩니다. 1988년 서울올림픽 이후 30년 만에 한반도에서 세계인의 축제가 열린 것이죠. 우리나라 선수단은 북한 선수단과 한반도기를 앞세우며 동시 입장하고, 여자 아이스하키 단일팀을 꾸려 '행동하는 평화'라는 주제를 몸소 보여주었습니다. 대한민국의 위상을 세계에 알리고 평화라는 메시지를 각인시킨 올림픽이었지요.

🔍 **연관 날짜** | 1988년 9월 17일 서울올림픽 개막

1997년 IMF 구제 금융 요청

오늘, 국가 부도 위기에 처한 정부가 국제통화기금(IMF)에 금융 지원을 요청합니다. 환율이 폭등하자 기업들이 흔들리기 시작했고, 외국 투자자들이 투자금을 거두면서 보유 외화가 턱없이 부족해졌습니다. 우리나라는 금융 지원으로 가까스로 위기를 모면했으나 IMF의 관리 체제하에서 대대적인 국가 경제 구조 조정을 시행해야 했죠. 이 과정에서 많은 실업자가 발생하고 비정규직이 증가했습니다.

🔍 **연관 날짜** | 1998년 3월 14일 금모으기운동 종결

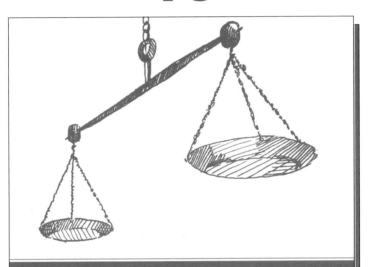

1924년 형평사 임시총회 개최

오늘, 백정들이 신분 해방을 목적으로 설립한 사회운동단체 형평사가 처음으로 전국 임시총회를 개최합니다. 갑오개혁으로 신분제는 철폐되었지만 사회적으로 백정들에 대한 차별은 여전히 존재했습니다. 이에 백정들은 신분 해방과 실질적인 처우 개선을 요구하며 경남 진주에서 형평사를 설립했고, 이는 전국으로 퍼져나갔지요. 형평운동은 그들이 사용하던 저울처럼 공정하고 평등한 사회로 나아가기 위한 간절한 외침이었습니다.

🔍 **연관 날짜**   1894년 6월 28일 제1차 갑오개혁 실시

1905년 〈시일야방성대곡〉 발표

오늘, 장지연이 《황성신문》에 을사늑약의 부당함을 알리는 논설 〈시일
야방성대곡〉을 게재합니다. '오늘을 목 놓아 통곡한다'는 뜻의 〈시일야
방성대곡〉은 을사늑약 체결에 참여한 대신들을 통렬히 비판하고 고종
이 거부하였음에도 강제로 조약이 체결된 과정의 부당성을 낱낱이 밝혔
습니다. 이로 인해 신문은 무기한 정간되고 장지연은 투옥되었죠. 일제
의 억압에 언론들은 점차 제 목소리를 잃게 되었습니다.

| 🔍 연관 날짜 | 1963년 10월 4일 이준 유해 봉환식 |

1896년 아관파천

오늘, 고종이 러시아 공사관으로 피신하는 아관파천이 일어납니다. 을미 사변 이후 신변의 위협을 느낀 고종이 한밤중에 경복궁을 탈출해 러시아 공사관으로 간 것이죠. 고종은 이로써 조선 내에 러시아와 일본 간의 세력 균형을 맞추려 했습니다. 하지만 외세의 힘을 빌려 이룬 균형은 외세에 의해 깨지고 말았습니다. 러일전쟁에서 일본이 승리하며 대한제국에 대한 일본의 입김은 더욱 거세졌지요.

🔍 연관 날짜	1897년 10월 12일 대한제국 선포

1598년 이순신 전사

오늘, 23전 23승의 신화를 쓴 충무공 이순신이 전사합니다. 임진왜란 중
수군을 지휘한 이순신은 절망의 순간에도 치밀한 전술로 조선의 바다를
지켜냈습니다. "신에게는 아직 12척의 배가 있습니다. 죽을힘을 다해 싸
운다면 오히려 해볼 만합니다"라고 말한 뒤 출정한 명량해전에서 13척
의 배로 133척의 왜군과 맞서 승리했죠. 그 후 임진왜란 마지막 해전이
었던 노량해전에서 승리와 함께 전사했습니다.

🔍 **연관 날짜** | 1592년 4월 13일 임진왜란

1593년 행주대첩

오늘, 전라도관찰사 권율이 이끈 조선군과 백성들이 행주산성에서 왜군을 무찌릅니다. 행주대첩은 일본군 3만여 명을 조선군 3천여 명과 일반 백성들이 힘을 모아 격파한 전투로 임진왜란 3대첩으로 손꼽히지요. 전투를 치르던 중 무기가 떨어지자 관군과 백성들이 투석전을 펼쳤는데, 이때 부녀자들이 긴 치마를 잘라 짧게 만들어 입고 돌을 날라다 주었다고 전해집니다.

🔍 **연관 날짜** | 1592년 4월 13일 임진왜란

1954년 한미상호방위조약 발효

오늘, 한국과 미국 사이에 군사 동맹을 맺은 한미상호방위조약이 발효됩니다. 6·25전쟁 정전협정 과정에서 한국이 미국에 군사 동맹을 요청했고 이에 따라 한미상호방위조약이 체결되었지요. 우리나라가 외국과 맺은 최초의 군사 동맹이었습니다. 제6조에 명시된 '무기한 유효'로 인해 현재까지 지속되고 있는 유일한 동맹 조약으로, 이 조약에 의해 지금도 미군이 한국에 주둔하고 있는 것입니다.

🔍 **연관 날짜** | 1950년 6월 25일 6·25전쟁

13

1403년 주자소 설치

오늘, 활자 주조를 관장하는 관서인 주자소가 설치됩니다. 유교 이념을 바탕으로 건국한 조선은 유교 윤리를 널리 보급하기 위해 학문을 발전시켜야 했습니다. 자연히 서적 보급의 필요성이 대두되었지요. 책을 많이 찍어내기 위해서는 목판 인쇄보다 활자 인쇄가 더 효율적일 것이라 판단해 태종이 주자소 설치를 명했습니다. 바로 이곳에서 조선 최초의 금속 활자인 '계미자'도 만들어졌지요.

🔍 **연관 날짜**   1985년 10월 14일 청주 흥덕사지 발견

1905년 을사늑약 체결

오늘, 일본의 강요로 을사늑약이 체결됩니다. 열강으로부터 한국에 대한 독점 지배를 인정받은 일본은 본격적으로 한국 침략의 야욕을 드러냅니다. 군사적 위협 속에서 을사늑약을 강제로 체결해 한국의 외교권을 박탈하고 통감부를 설치했지요. 조약 체결에 찬성한 박제순, 이지용, 이근택, 이완용, 권중현을 가리켜 을사오적이라 부릅니다. 공식 명칭도 없었던 이 조약은 고종의 승인 없이 체결되어 국제법상 명백한 위법입니다.

🔍 **연관 날짜**　1905년 11월 20일 〈시일야방성대곡〉 발표

1430년 《농사직설》 배포

오늘, 우리나라의 풍토에 맞는 농법을 정리한 《농사직설》이 배포됩니다. 이전까지의 농서들은 중국의 책을 그대로 베낀 터라 우리나라 실정과 맞지 않는 내용이 많았습니다. 이에 세종이 우리나라 풍토에 맞는 농사법을 연구해 책으로 엮으라고 명했지요. 각 지방의 농부들에게 경험한 바를 자세히 물어보고 그 내용을 정리해 우리 실정에 맞는 농서 《농사직설》이 편찬됐습니다. 이는 각 지방 관청에 널리 보급되었지요.

| 🔍 연관 날짜 | 1957년 5월 19일 발명의 날 제정 |

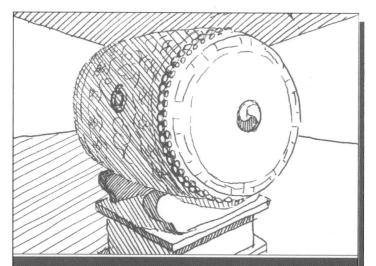

1401년 신문고 설치

오늘, 조선 태종이 신문고를 설치해 백성이 원통함을 호소할 수 있도록 합니다. 백성들은 억울한 일을 당하면 관청에 고했는데, 이를 관청에서 다스리지 않으면 신문고를 울려 사헌부에서 관리토록 한 것이지요. 신문고는 신분에 관계없이 이용하도록 되어 있었지만 궐 내에 있었기 때문에 서울에 사는 관리와 양반이 아니면 접근 자체가 어려웠습니다. 그래도 백성의 작은 소리에 귀를 기울이는 친정의 상징으로 남았지요.

🔍 **연관 날짜** | 1758년 9월 16일 금주령 선포

1927년 신간회 창립

오늘, 좌우합작 단체 신간회가 창립됩니다. 1920년대 민족해방운동은 민족주의 운동과 사회주의 운동의 두 흐름으로 나뉘었는데, 분열하지 말고 하나로 뭉쳐 일제에 저항하자는 목소리가 나오기 시작했습니다. 이로써 독립운동 역사상 가장 큰 규모의 조직인 신간회가 탄생했지요. 독립이라는 일념 아래 비타협적 민족주의자와 사회주의자가 뜻을 모았던 순간이었습니다.

🔍 **연관 날짜**   1927년 5월 27일 근우회 창립총회 개최

1895년 단발령 선포

오늘, 조선에 단발령이 선포됩니다. 부모에게 물려받은 신체 일부를 자르는 것은 유생들에게 상상 못할 일이었습니다. 서울의 각 문에서 강제로 상투를 자르자 사람들이 오지 않아 물가가 폭등하고, 목숨을 끊는 이도 발생했죠. 강한 저항은 유교 이념 탓도 있지만 돌발적이고 강제적으로 시행된 탓이 컸습니다. 을미사변으로 일본에 대한 적대감이 커진 와중에 단발령까지 내려지자 유생들을 중심으로 을미의병이 일어났습니다.

🔍 **연관 날짜** | 1895년 8월 20일 을미사변

2005년 교토의정서 발효

오늘, 지구온난화 방지를 위한 구체적 이행 방안을 담은 교토의정서가 발효됩니다. 1997년 일본 교토에서 열린 제3차 기후변화협약 당사국 총회에서 채택된 이 의정서는 지구온난화를 유도하는 온실가스 배출량을 감축할 것과 감축하지 않는 국가에 비관세 장벽을 적용한다는 내용을 담고 있습니다. 우리나라는 교토의정서를 보완한 파리협정이 2015년 체결되면서 감축 의무 대상이 되었지요.

🔍 연관 날짜	1946년 4월 5일 식목일 제정

1487년 한명회 사망

오늘, 조선의 정치가 한명회가 사망합니다. 한명회는 세조의 책략가이자 사돈으로 딸들을 예종, 성종과 혼인시킨 왕의 장인이었지요. 네 차례나 공신에 책봉되었으니 당시 그가 누린 권세가 대단했습니다. 말년에는 한 강 남쪽에 '압구'라는 정자를 지어 시간을 보냈는데요. 이곳에서 명나라 사신을 접대할 때 궁중에서 쓰는 차일을 사용하려다 성종의 기분을 상하 게 하고 맙니다. 이 때문에 탄핵을 당해 유배되기도 했지요.

Q **연관 날짜** | 1453년 10월 10일 계유정난

1988년 남극세종과학기지 준공

오늘, 남극에 세종과학기지가 준공됩니다. 대한민국 최초의 남극과학기지로, 서울로부터 1만 7,240킬로미터 떨어진 남쉐틀랜드 군도의 킹조지섬에 기지를 마련했죠. 매년 약 18명으로 구성된 월동연구대가 1년간 상주하면서 기후 변화와 유용생물자원 등을 연구합니다.

🔍 **연관 날짜** 2022년 6월 21일 누리호 2차 발사 성공

13

1970년 전태일 분신

오늘, 노동운동가 전태일이 근로기준법 준수를 요구하며 분신합니다. 1960년대 봉제공장의 노동자들은 열악한 환경에서 장시간 저임금 노동에 시달렸습니다. 평화시장 재단사로 일하던 전태일은 노동 실태를 조사하며 환경 개선을 위해 노력했지요. 유명무실했던 근로기준법 화형식을 거행한 뒤 그는 "근로기준법을 준수하라! 우리는 기계가 아니다!"라고 외치며 분신했습니다. 그의 분신 항거 이후 노동운동은 본격화되었지요.

🔍 **연관 날짜** | 1994년 5월 1일 근로자의 날 지정

1926년 이완용 장례식

오늘, 친일반민족행위자 이완용의 장례식이 거행됩니다. 일제에 나라를 팔아 막대한 부를 이룬 그의 장례식은 왕보다 화려하게 치러졌죠. 《동아일보》는 "팔지 못할 것을 팔아 누리지 못할 것을 누린 자", "이 책벌을 영원히 받아야지"라고 비판 기사를 냈습니다. 실제로 그의 묘는 훼손 시도가 끊이지 않아 결국 폐묘해 현재 남아 있지 않습니다. 매국노의 대명사로, 죄에 대한 역사의 심판을 영원히 받을 것입니다.

🔍 **연관 날짜** | 1910년 8월 29일 경술국치

1992년 인천국제공항 기공식

오늘, 새로운 하늘길을 연 인천국제공항 기공식이 열립니다. 1989년 해외여행 자유화 조치가 시행되면서 항공 수요가 급격히 증가하자 김포국제공항만으로는 항공편을 감당할 수 없게 되었습니다. 이에 새 공항의 필요성이 대두됐고 인천 영종도 갯벌을 메워 공항을 세우기로 했지요. 2018년부터 제2여객터미널도 운행을 시작한 인천국제공항은 글로벌 공항 순위 4위로 명실상부한 동북아시아 허브공항으로 자리매김했습니다.

🔍 **연관 날짜** | 1977년 12월 22일 수출 100억 달러 달성

1430년 박연 의례 음악 정비

오늘, 박연이 국가 의례 음악에 관한 건의를 올립니다. 유교 국가인 조선에서는 음악을 예악이라 부를 정도로 중시했지만, 조선 초기 궁중 음악은 아악, 당악, 향악이 뒤섞여 있었습니다. 이에 세종은 박연을 등용해 조선 예악 정리와 악기 정비를 명했지요. 박연은 9년 동안 아악보를 정리하고 편경 등의 악기를 제작하며 국악의 기틀과 체제를 재정비했습니다. 이 덕분에 종묘 제례에서 아악을 연주할 수 있게 됐지요.

🔍 **연관 날짜** | 1433년 6월 11일 《향약집성방》 편찬

1937년 화신백화점 준공

오늘, 화재로 소실됐던 화신백화점이 재개관합니다. 1931년 사업가 박흥식이 화신상회를 인수해 백화점으로 개편한 화신백화점은 화재 이후 엘리베이터, 에스컬레이터 등을 갖춘 초호화 백화점으로 준공됐습니다. 사장 박흥식은 조선 제일의 부자라 불릴 정도로 부유했는데요, 중일전쟁이 발발하자 친일단체에서 활동하며 거금의 국방헌금을 기부했습니다. 광복 후 반민특위 1호로 체포됐지만 3개월 만에 병보석으로 석방됐죠.

🔍 **연관 날짜**   1948년 10월 22일 반민특위 설치

1444년 최만리 훈민정음 반대

오늘, 대제학 최만리가 훈민정음 창제를 반대하는 상소를 올립니다. 최만리는 한자를 두고 새 글자를 만드는 것은 오랑캐나 하는 일이라며 강하게 반대했습니다. 하지만 세종은 백성들이 글자를 알면 편리하게 생활할 수 있다며 양반들을 설득했지요. 중화주의 세계관에 갇혀 시대 너머를 상상하지 못한 최만리. 그의 우려와 달리 훈민정음 창제는 민족 문화를 꽃피우는 원동력이 되었습니다.

🔍 **연관 날짜**   1946년 10월 9일 한글날 지정

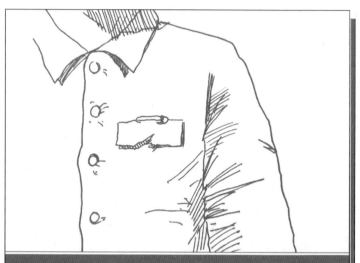

1939년 창씨개명 공포

오늘, 조선총독부가 성 씨(氏)를 일본풍으로 고치고 이름을 개명하라는 규정을 공포합니다. 창씨개명을 통해 민족정신을 말살하려 한 것입니다. 거부자에게 불이익을 줬기 때문에 시행 1년도 안 되어 한국인의 80퍼센트가 개명했지만, 창씨개명 신고를 했더라도 일상생활에서는 대부분 한국식 이름을 사용했고 광복 이후 가장 빠르게 회복된 것도 이름이었죠. 창씨개명으로 우리 민족정신을 억압하려던 일제의 계획은 실패했습니다.

🔍 **연관 날짜**   1941년 3월 31일 국민학교령 시행

1907년 국채보상운동

오늘, 국채보상모금을 위한 국민대회가 개최됩니다. 일본은 우리나라의 경제 예속을 위해 다양하게 차관을 제공했습니다. 때문에 국채가 대한제국의 1년 예산인 1300만 원에 달했지요. 이에 온 국민이 국채를 갚기 위한 모금 운동에 참여합니다. 부녀층이 패물을 내놓고 노동자, 인력거꾼, 백정 등 하층민까지도 적극 참여하는 범국민적 국권 회복 운동이었지요. 나라를 지키려 한 모두가 영웅이었습니다.

| 🔍 연관 날짜 | 1904년 7월 13일 보안회 조직 |

1866년 정족산성전투 승리

오늘, 조선군이 강화도 정족산성에서 프랑스군을 물리칩니다. 병인박해를 빌미로 프랑스군은 강화도를 침범하는 병인양요를 일으켰지요. 양헌수가 이끄는 조선군은 근대식 무기를 갖춘 프랑스군에 비해 무기는 열악했지만, 정족산성의 지형적 이점을 활용해 치열한 전투 끝에 승리했습니다. 우리나라 최초로 서구와의 싸움에서 승리한 전투로 프랑스군이 퇴각하는 데 결정적인 역할을 했지요.

| 🔍 연관 날짜 | 1871년 4월 23일 초지진전투 패배 |

1836년 정약용 사망

오늘, 조선의 실학자 정약용이 사망합니다. 정조 대에 벼슬길에 오른 정약용은 수원화성 설계 등으로 정조의 개혁을 든든히 지원했습니다. 그러나 정조 사후 천주교도로 몰려 유배되고 말았지요. 18년이라는 긴 유배기간 동안 복숭아 뼈가 드러날 정도로 저술에 몰두한 정약용. 《목민심서》, 《경세유표》 등 500여 권의 책을 완성함으로써 그는 역사에 죄인이 아니라 실학을 집대성한 대학자로 이름을 남기게 됐습니다.

| Q 연관 날짜 | 1796년 9월 10일 수원화성 완공 |

1470년 《경국대전》 완성

오늘, 조선의 기본 법제서인 《경국대전》이 완성됩니다. 조선은 건국 후 법치주의를 세우려는 강한 의지 아래 통일 법전 편찬 사업에 힘을 기울였습니다. 세조 대 편찬을 시작해 성종 대 교정 및 보완을 거쳐 완성했지요. 국가 운영에 관한 내용이 총정리된 《경국대전》은 조선 시대에 통치의 기준이 된 최고의 법전으로, 이것이 완성됨으로써 조선에 유교 중심의 국가 통치 질서가 확립되었다고 할 수 있습니다.

🔍 **연관 날짜**   1394년 5월 30일 정도전 《조선경국전》 저술

1904년 한일의정서 조인

오늘, 러일전쟁을 일으킨 일제의 압력으로 일본과 한일의정서를 체결합니다. 대한제국은 러시아와 일본 사이에 전운이 감돌자 전시 국외 중립을 선언하여 한반도가 전쟁터가 되는 것을 막고자 했습니다. 그러나 일본이 이를 무시하고 러일전쟁 발발 직후 서울에 군대를 주둔시키고, 공수 동맹을 전제로 한 한일의정서 체결을 강요했죠. 이로써 일본은 한국 내에서 군사 기지를 마음대로 사용할 수 있게 되었습니다.

Q 연관 날짜	1905년 11월 17일 을사늑약 체결

1876년 주시경 출생

오늘, 한글학자 주시경이 태어납니다. 주시경은 한글 보급으로 민족 정체성을 확립하고 민족의식을 고취하려 노력했습니다. 보자기에 책을 넣고 여기저기 강연을 다녀 '주보따리'라는 별명이 붙을 정도였지요. 한글 연구에 정성을 다한 결과 우리말을 과학적, 논리적으로 체계화한 《국어문법》도 완성했습니다. 일제의 탄압에도 굴하지 않은 그의 노력 덕분에 우리의 국어학은 새롭게 정립될 수 있었지요.

🔍 **연관 날짜** | 1921년 12월 3일 조선어연구회 조직

1916년 소록도 자혜의원 설립

오늘, 조선총독부가 전남 소록도에 한센병 전문 병원 자혜의원을 설립합니다. 자혜의원은 처음부터 치료가 아닌 격리를 목적으로 설립됐습니다. 환자들은 경찰에 체포돼 강제 수용되기도 했고, 한센병 씨를 말린다며 단종(斷種)까지 당했지요. 비인도적인 처사에 반발한 최흥종 목사와 서서평 선교사가 단종 폐지와 환자를 위한 치료 공간을 요구하며 광주에서 서울까지 행진 시위를 벌였습니다. 이 덕분에 소록도갱생원 확장이 결정됐지요.

🔍 **연관 날짜** | 1885년 2월 29일 광혜원 설립 허가

1698년 숙종의 단종 복권

오늘, 숙종이 세조에게 왕위를 찬탈당한 노산군을 단종으로 복위합니다. 유배된 영월에서 죽음을 맞은 뒤 묘소조차 제대로 남기지 못했던 노산군이 이때가 되어서야 단종이라는 묘호를 얻은 것이지요. 단종과 함께 사육신도 복권되었습니다. 세조 이후 세조 후손들이 즉위하면서 누구도 복권을 시도하지 않았는데 숙종이 해낸 것입니다. 강한 정통성을 바탕으로 왕권을 극대화한 왕이었기에 가능한 일이었습니다.

🔍 **연관 날짜** | 1456년 6월 2일 단종복위운동 발각

1126년 이자겸의 난

오늘, 이자겸이 왕위를 찬탈하기 위해 난을 일으킵니다. 고려 문벌은 각종 특권을 누리며 고려 사회의 기득권으로 자리 잡았습니다. 특히 왕의 장인이자 외할아버지였던 이자겸은 왕을 능가하는 권력을 누리며 왕 행세를 하다시피 했지요. 결국 스스로 왕이 되겠다며 난을 일으킵니다. 난은 실패로 돌아갔지만 왕권은 추락했고 고려 문벌 사회의 모순이 세상에 드러나게 되었지요.

| Q 연관 날짜 | 1135년 1월 4일 묘청의 난 |

1801년 황사영 백서사건

오늘, 신유박해의 전말을 알리려던 황사영이 대역부도죄로 처형됩니다. 어린 순조가 즉위하자 집권파 노론은 반대파 남인을 몰아내기 위해 천주교 탄압을 시작했습니다. 남인에 천주교인이 많았기 때문인데, 이때 정약용 형제를 비롯한 많은 사람이 처형, 유배되었지요. 대대적인 탄압으로 조선 교회가 큰 타격을 입자 교회 지도자였던 황사영이 북경 주교의 도움을 받으려 했습니다. 그러나 조정에 발각되어 처형되고 말았지요.

🔍 **연관 날짜**   1836년 2월 22일 정약용 사망

1426년 금화도감 설치

오늘, 우리나라 최초 소방 기관인 금화도감이 설치됩니다. 조선의 주거지는 대부분 나무로 지었기 때문에 불이 나면 그 피해가 컸습니다. 이에 세종은 화재 대비 정책을 담당할 기구로 금화도감을 설치하고 불을 없애는 군인, 멸화군을 두었습니다. 금화도감은 방화범 색출, 방화 담장 설치, 민가 주변에 방화수 설치와 같은 다양한 방법으로 백성을 화재로부터 보호하려 했습니다.

🔍 **연관 날짜** | 1434년 10월 2일 앙부일구 설치

1294년 고려에 탐라 귀속

오늘, 고려 왕이 탐라의 왕자와 성주에게 예물을 하사합니다. 제주도는 삼국 시대에 탐라국이라는 독립국 지위로 역사에 등장합니다. 백제와 신라뿐 아니라 중국, 일본과도 교류했지요. 고려 초기까지 독립국이었으나 1105년에 탐라군으로 이름이 바뀌고 고려에 포함됩니다. 1274년에 원이 탐라를 직할지로 삼았으나 1294년에 돌려주었지요. 이후 원의 세력을 완전히 몰아내면서 제주라는 이름이 굳어졌습니다.

Q **연관 날짜**   2000년 10월 25일 독도의 날 제정

1674년 갑인예송

오늘, 상복 입는 기간으로 논쟁을 벌인 갑인예송이 시작됩니다. 효종 비국상 중 시어머니 자의대비의 복제 기간을 두고 남인과 서인이 대립했습니다. 장남이냐 아니냐에 따라 기간이 달랐는데 효종이 둘째 아들이었기 때문이지요. 왕도 사대부와 같은 예법을 적용해야 한다는 서인과 왕은 특별한 존재이니 안 된다는 남인의 주장이 치열하게 부딪쳤습니다. 왕의 정통성에 관한, 조선 후기 붕당정치를 대표하는 정치적 사건이지요.

🔍 **연관 날짜** 1659년 5월 4일 효종 사망

1929년 광주학생항일운동

오늘, 광주에서 학생들의 주도로 항일 독립만세운동이 일어납니다. 이 운동은 나주역에서 벌어진 일본인 학생과 한국인 학생 간의 충돌에서 비롯됐습니다. 출동한 일본 경찰이 일방적으로 일본인 학생 편을 들고 한국인 학생들을 구타하자 이에 분노한 광주고보 학생들이 시위를 벌였고, 3·1운동 이후 가장 큰 항일운동으로 번져나갔죠. 이처럼 학생들은 나라가 위기를 겪을 때마다 자유를 쟁취하기 위해 앞장섰던 수호자였습니다.

🔍 **연관 날짜**   1927년 2월 15일 신간회 창립

1960년 2·28대구학생시위

오늘, 부당한 선거 개입에 항의하며 대구에서 학생 시위가 일어납니다. 제4대 정부대통령 선거를 앞두고 여당 자유당은 대구 학교장들을 소집해 일요일에 야당 민주당의 유세가 있으니 고등학생들을 등교시킬 것을 지시했습니다. 급조된 명목으로 일요일 등교가 결정되자 1,500여 명의 학생들은 대구 중심가로 나가 시위를 벌였지요. 이 시위는 대한민국 최초의 민주화 운동으로 이후 학생운동의 시발점이 되었습니다.

| 🔍 연관 날짜 | 1960년 3월 8일 3·8민주의거 |

1968년 무장공비 침투사건

오늘, 울진과 삼척에 무장한 북한 유격대 100여 명이 침투합니다. 이들은 1968년 1월 청와대를 폭파하기 위해 남파된 유격대와 같은 군 소속으로, 3일에 걸쳐 침투했습니다. 이들은 위조지폐로 주민들을 선동하고 양민들을 학살했는데, 이 과정에서 평창 산간 마을에 살던 이승복의 가족이 희생되었지요. 이념의 대립 속에서 무고한 사람들이 피해를 입었던 가슴 아픈 역사입니다.

🔍 **연관 날짜** | 1976년 8월 18일 판문점 도끼만행사건

1885년 광혜원 설립 허가

오늘, 고종이 우리나라 최초의 서양식 병원 광혜원 설립을 윤허합니다. 미국인 선교사이자 의사였던 알렌은 갑신정변 때 칼에 맞아 죽을 뻔한 민영익을 수술하여 살려냈죠. 신임을 얻은 알렌은 고종에게 광혜원을 설립해달라고 요청했습니다. 이후 고종이 백성을 구제한다는 뜻의 '제중원'이라는 이름을 하사하면서 왕의 재가를 받은 지 13일 만에 명칭을 바꾸게 되었습니다.

🔍 연관 날짜 | 1899년 5월 17일 서울 전차 개통식

1908년 《소년》 창간

오늘, 최남선이 우리나라 최초의 근대적 종합 잡지인 《소년》을 창간합니다. 청소년을 대상으로 새로운 지식을 보급하고 계몽할 목적으로 발간되었으며 창간호에는 최남선의 〈해에게서 소년에게〉가 실렸습니다. 초기에는 최남선 혼자서 집필, 편집, 발행을 도맡았다가 이후 이광수, 홍명희 등이 참여했습니다. 항일 의식을 고취하는 기사를 실어 여러 차례 압수와 발행금지 처분을 받다가 결국 폐간하고 말았지요.

🔍 **연관 날짜** | 1902년 7월 21일 채만식 출생

3월

3월 1일 3·1운동

3월 2일 호주제 폐지안 의결

3월 3일 대한증권거래소 개소

3월 4일 강홍립투항사건

3월 5일 《조선일보》 창간

3월 6일 조선통신사 파견

3월 7일 신라 금관 도난

3월 8일 3·8민주의거

3월 9일 치하포사건

3월 10일 만민공동회 개최

3월 11일 유일한 사망

3월 12일 인조반정

3월 13일 이승만 탄핵 상정

3월 14일 금모으기운동 종결

3월 15일 오광심 출생

3월 16일 경복궁 집현전 설치

3월 17일 이회영 출생

3월 18일 조선태형령 공포

3월 19일 나혜석 개인전 개최

3월 20일 제1차 미소공동위원회

3월 21일 원종 즉위

3월 22일 경인선 기공식

3월 23일 전명운·장인환 의거

3월 24일 호패법 검토

3월 25일 유득공 《발해고》 작성

3월 26일 안중근 순국

3월 27일 프로야구 출범

3월 28일 김수환 추기경 서임

3월 29일 전봉준 사형 언도

3월 30일 의주학살사건

3월 31일 국민학교령 시행

11월

11월 1일 《소년》 창간

11월 2일 무장공비 침투사건

11월 3일 광주학생항일운동

11월 4일 고려에 탐라 귀속

11월 5일 황사영 백서사건

11월 6일 숙종의 단종 복권

11월 7일 주시경 출생

11월 8일 《경국대전》 완성

11월 9일 정족산성전투 승리

11월 10일 창씨개명 공포

11월 11일 화신백화점 준공

11월 12일 인천국제공항 기공식

11월 13일 전태일 분신

11월 14일 한명회 사망

11월 15일 단발령 선포

11월 16일 신문고 설치

11월 17일 을사늑약 체결

11월 18일 한미상호방위조약 발효

11월 19일 이순신 전사

11월 20일 〈시일야방성대곡〉 발표

11월 21일 IMF 구제 금융 요청

11월 22일 친일재산 국가 귀속

11월 23일 북한 연평도 포격

11월 24일 홍건적 개경 함락

11월 25일 김만덕 포상

11월 26일 평화의 댐 건설 발표

11월 27일 개성공단 경제특구 지정

11월 28일 대한민국 건국강령 발표

11월 29일 제2차 개헌안 통과

11월 30일 위안소 국제법 위반 판결

1919년 3·1운동

오늘, 전국적인 독립만세운동 3·1운동이 시작됩니다. 윌슨의 민족자결주의와 2·8독립선언은 일제의 무단통치에 신음하던 우리 민족에게 희망을 전했습니다. 민족 지도자들과 학생들은 국내에서의 독립만세운동을 준비했지요. 서울 탑골공원에서 시작된 만세 시위는 전국으로 확산되어 거족적인 민족 항쟁으로 번져나갔습니다. 일제의 탄압으로 좌절됐지만 대한민국 임시정부 수립과 일제의 이른바 '문화통치' 전환의 계기가 됐습니다.

🔍 **연관 날짜** | 1919년 4월 11일 대한민국 임시정부 수립

2001년 미륵사지 석탑 해체

오늘, 익산 미륵사지 석탑이 보수를 위해 해체를 시작합니다. 백제 무왕 때인 639년 건립된 미륵사지 석탑은 우리나라에 남아 있는 석탑 중 가장 크고 오래된 석탑입니다. 일제가 시멘트를 발라 보수한 석탑의 제 모습을 찾기 위해 건립된 지 약 1,400년 만에 해체했지요. 이 과정에서 미륵사 창건 연대를 기록한 금제사리봉안기를 발견하는 성과를 거두었습니다. 2019년 준공해 다시 그 위용을 자랑하고 있습니다.

🔍 **연관 날짜**   1971년 7월 8일 무령왕릉 발굴

가족 관계 증명서 (상세)

| 등록기준저 | |

구분	성 명	출생연월일	주민등록번호	성별	본
본인					

가족사항

구분	성 명	출생연월일	주민등록번호	성별	본
부				남	
모				여	

2005년 호주제 폐지안 의결

오늘, 호주제를 폐지하는 민법 개정안이 국회 본회의를 통과합니다. '호주'를 중심으로 가족구성원의 신분 변동을 기록하는 호주제는 세계에서 유일하게 우리나라에만 남아 있던 가부장제의 상징이었지요. 여성 차별과 현대사회의 다양한 가족 형태를 반영하지 못한다는 문제점이 있어 부분적 개정이 이루어지다가 마침내 폐지되었지요. 이로써 우리 사회는 평등한 가족 관계에 한 걸음 더 가까워졌습니다.

Q **연관 날짜** | 1997년 7월 16일 동성동본 금혼 위헌 결정

1909년 남한대토벌작전 종료

오늘, 일제가 국내 의병 세력을 완전 진압하기 위해 펼친 남한대토벌작전이 종료됩니다. 대한제국 말, 일제는 호남 의병을 진압하지 않고서는 항일 의병을 소탕하기 어렵다고 판단했습니다. 그래서 전남 및 외곽에서 의병 초토화작전을 펼쳤지요. 이를 계기로 더 이상 국내에서 활동하기 어려워진 의병 세력들은 만주, 러시아 등 국외로 이동하여 독립군으로서 본격적인 항일무장투쟁을 준비했습니다.

| 🔍 연관 날짜 | 1920년 6월 7일 봉오동전투 승리 |

자본시장 육성의 회

1956년 대한증권거래소 개소

오늘, 우리 손으로 설립한 최초의 증권거래소인 대한증권거래소가 개소합니다. 모태는 곡물의 현물 및 선물 거래가 이뤄지던 인천 미두취인소로 일본계 자본에 의해 세워졌지요. 일제강점기에 정식 증권거래소가 세워졌으나 일본 회사들이 시장을 주도했습니다. 대한증권거래소는 6·25 전쟁 이후 전후 복구와 경제 부흥을 목적으로 서울 명동에 설립됐지요. 거래소 설립을 계기로 우리나라 주식시장의 역사도 시작됐습니다.

🔍 **연관 날짜** | 1950년 6월 12일 한국은행 설립

1942년 김약연 사망

오늘, 명동학교를 설립한 독립운동가 김약연이 사망합니다. 개항 이후 삶의 터전을 잃은 동포들을 위해 전 재산을 털어 북간도 땅을 매입해 한 인촌을 개척한 김약연. 그는 그곳의 이름을 동쪽을 밝힌다는 뜻의 '명동 (明東)'이라 지었습니다. 그리고 교육이 곧 독립운동이라 생각해 명동학 교를 세워 나운규, 윤동주, 문익환 등의 인재를 길러냈지요. 죽기 전 "내 모든 행동이 곧 나의 유언이다"라는 말을 남겼습니다.

🔍 **연관 날짜**   1917년 12월 30일 윤동주 출생

1619년 강홍립투항사건

오늘, 강홍립 장군이 후금에 투항합니다. 세력을 키운 후금이 명을 공격하자 명은 조선에 출병을 요청했습니다. 광해군은 강홍립을 출병시키며 "상황을 봐서 판단을 내리라"고 명했죠. 뜻을 알아차린 강홍립은 전투 중 전세가 불리해지자 투항했습니다. 이후 광해군은 후금과 명 사이에서 중립외교를 펼쳐 전쟁을 피합니다. 그러나 이러한 외교 정책이 인조반정의 빌미가 되고 말았지요.

🔍 **연관 날짜**   1623년 3월 12일 인조반정

1903년 황성기독교청년회 발족

오늘, 한국YMCA의 전신인 황성기독교청년회가 발족합니다. 미국인 선교사 언더우드와 아펜젤러가 한국YMCA 창설을 요청한 것이 계기가 되었지요. 청년회는 선교뿐만 아니라 교육, 계몽에도 힘써서 야구, 농구, 배구 등 근대 스포츠 도입에도 큰 역할을 했지요. 1906년 도쿄에 설립된 재일본한국YMCA는 2·8독립선언의 현장이었고, 3·1운동 민족대표 33인 가운데 9명이 청년회와 관련된 인물이기도 했습니다.

Q **연관 날짜** 1919년 2월 8일 2·8독립선언

1920년 《조선일보》 창간

오늘, 《조선일보》가 창간됩니다. 3·1운동 이후 일제는 이른바 '문화통치'로 전환하며 민간 신문 창간을 허가했습니다. 창간 초기부터 일제에 비판적인 기사를 실었던 《조선일보》는 〈자연의 화〉라는 논설을 실으며 민간지 최초로 일주일의 정간 처분을 받았지요. 문자보급운동도 전개하며 민족문화 향상에 기여했으나 1940년 강제 폐간됐습니다. 이후 광복된 뒤에야 복간됐지요.

🔍 **연관 날짜** 1936년 8월 25일 손기정 일장기말소사건

1987년 직선제 국민투표 실시

오늘, 직접 대통령을 뽑는 대통령 직선제를 위한 국민투표가 실시됩니다. 시민들의 뜨거웠던 민주화 운동이 결실을 맺은 것이죠. 6월 민주항쟁 이후 집권당 총재였던 노태우는 직선제를 받아들이겠다는 6·29민주화선언을 발표했고, 개헌 국민투표에 약 2000만 명이 참여해 높은 찬성률로 헌법 개정이 통과됐습니다. 이로써 5년 단임의 대통령 직선제를 골자로 한 제9차 개헌안이 개정됐고, 현재까지 이어지고 있지요.

🔍 **연관 날짜** 1987년 6월 10일 6월 민주항쟁

1590년 조선통신사 파견

오늘, 일본에 조선통신사 황윤길과 김성일이 파견됩니다. 두 사람은 도요토미 히데요시가 조선을 침범할 기미가 있는지 파악하러 간 특사였죠. 놀랍게도 둘은 전혀 다른 보고를 올립니다. 황윤길은 "눈빛이 반짝반짝하여 담과 지략이 있는 사람인 듯하였습니다"라고 보고했고, 김성일은 "그의 눈은 쥐와 같아서 두려워할 위인이 못 됩니다"라고 말했죠. 2년 뒤, 도요토미 히데요시는 한반도를 침략합니다.

🔍 **연관 날짜**   1592년 4월 13일 임진왜란

1979년 10·26사태

오늘, 유신 체제의 종말을 가져온 10·26사태가 일어납니다. 유신 체제에 대한 저항으로 부마민주항쟁이 발생하자 이에 대한 대응방식을 두고 집권층 내부에 갈등이 발생했습니다. 경호실장은 강경 진압을, 중앙정보부장은 민심 안정을 주장했지요. 박정희 대통령이 강경 진압을 채택하자 중앙정보부장 김재규가 대통령을 향해 총을 쏩니다. 이 일로 박정희 대통령은 사망했고, 길었던 유신 시대는 막을 내렸지요.

🔍 **연관 날짜**   1980년 5월 18일 5·18민주화운동

1956년 신라 금관 도난

오늘, 국보로 지정된 신라 금관총 금관이 도난당하는 사건이 발생합니다. 신라 금관은 나뭇가지 모양의 얇은 금판 장식에 곱은옥 등을 달아 화려하게 꾸민 것이 특징으로, 총 6점이 전해지는데 이 중 금관총 금관이 가장 먼저 출토됐지요. 금관총 금관은 국립경주박물관에 소장됐는데 관람객을 가장해 박물관에 들어간 범인이 금관을 훔쳐 달아났습니다. 다행히도 모조품이 전시되어 있던 터라 진품 도난을 막을 수 있었지요.

🔍 **연관 날짜** | 1973년 7월 11일 천마총 유물 출토

2000년 독도의 날 제정

오늘은 독도의 날입니다. 1900년 고종이 대한제국 칙령 제41호를 공포해 울릉도와 독도를 우리 영토로 재확인한 것을 기념해 오늘을 독도의 날로 제정했죠. 울릉도와 독도는 삼국 시대부터 우리 땅으로 인식됐고, 조선 숙종 때 안용복이 일본에 가서 조선의 영토임을 확인하기도 했습니다. 일본 메이지 정부도 태정관 지령문을 통해 조선의 영토로 공식 인정했지요. 독도는 역사적, 실효적으로 명백한 대한민국의 영토입니다.

🔍 **연관 날짜** | 1903년 8월 11일 이범윤 간도 파견

1960년 3·8민주의거

오늘, 대전에서 부정선거에 항거하는 3·8민주의거가 일어납니다. 3·15 선거를 앞두고 자유당이 경찰을 동원해 대전 고등학생들이 민주당 유세 장에 나오지 못하게 막자, 2·28대구학생시위에 자극을 받은 학생들이 중심이 되어 민주화 운동을 일으켰습니다. 이를 계기로 이승만 정권에 저항하는 민주 운동이 전국적으로 확산됐지요. 충청 지역 최초의 민주 운동으로, 4·19혁명의 기폭제 역할을 한 것으로 평가받고 있습니다.

🔍 **연관 날짜** | 1960년 4월 19일 4·19혁명

1929년 대공황 암흑의 목요일

오늘, 미국 주식시장의 주가가 폭락한 '암흑의 목요일'이 발생합니다. 1920년대 호황 끝에 세계가 경제 대공황의 늪에 빠진 것이지요. 후발 자본주의 국가였던 일본도 대공황의 위기를 맞았고, 이를 해결하기 위해 식민지 및 점령지의 개발과 수탈 구조를 통제합니다. 일본은 전쟁을 일으키고 부족한 인력과 물자를 식민지 조선을 이용해 해결하려 했지요. 이로써 민족말살정책과 국가총동원법 등이 펼쳐졌습니다.

🔍 **연관 날짜** | 1938년 4월 1일 국가총동원법 공포

1896년 치하포사건

오늘, 청년 김구가 일본인 스치다 조스케를 타살합니다. 을미사변, 갑오개혁, 단발령이 잇달아 일어나자 반일 감정은 고조됐습니다. 이런 상황에서 치하포의 여점에 머물던 김구는 같은 여점에 머물던 일본인 스치다를 조선인으로 위장한 일본 육군 중위로 오인합니다. 그리고 국모의 원수에게 복수하겠다며 그를 죽이죠. 김구는 경찰에 잡혀 수감됐지만 이후 탈옥에 성공해 독립운동의 핵심인물로 활동했습니다.

🔍 **연관 날짜** | 1949년 6월 26일 김구 사망

371년 고국원왕 전사

오늘, 고구려 고국원왕이 전쟁 중에 전사합니다. 백제 근초고왕이 영토 확장을 위해 3만 정예병을 이끌고 고구려 평양성을 공격한 이 전쟁에서 고국원왕은 백제군의 화살을 맞았습니다. 고구려 역사에서 왕이 적군의 손에 죽은 것은 이때뿐이었습니다. 그의 뒤를 이어 즉위한 소수림왕은 위기를 극복하기 위해 개혁을 단행해 국가 체제를 정비합니다. 이를 바탕으로 고구려는 광개토태왕 때 전성기를 이뤘지요.

🔍 **연관 날짜** 414년 9월 29일 광개토왕릉비 건립

1898년 만민공동회 개최

오늘, 열강의 이권 침탈에 대항해 자주독립 수호와 자유 민권 신장을 위해 조직된 만민공동회가 개최됩니다. 첫 대회는 독립협회가 러시아의 국권 침탈 시도를 막기 위해 개최했지만 점차 민중들의 자발적인 운동으로 발전해 나갔습니다. 사람들은 자유롭게 연단에 올라 자신의 의견을 밝혔지요. 같은 해 10월에는 정부 대신들까지 참여시켜 관민공동회를 개최하고 국정 개혁안인 〈헌의6조〉를 결의했습니다.

🔍 **연관 날짜** | 1896년 7월 2일 독립협회 결성

1948년 반민특위 설치

오늘, 일제강점기 친일파의 반민족 행위를 조사하고 처벌하기 위해 반민 족행위특별위원회가 설치됩니다. 광복 후 가장 먼저 할 일은 나라를 팔 아먹고 민족을 배신한 반민족 행위자들에 대한 심판과 처벌이었습니다. 특위는 국민의 높은 관심과 지지 속에서 활동을 벌였지만 이승만 정부의 소극적 태도로 인해 와해되고 말았지요. 대한민국 현대사의 아쉬운 출 발, 그러나 기억해야 할 역사입니다.

🔍 **연관 날짜** 　2007년 11월 22일 친일재산 국가 귀속

1971년 유일한 사망

오늘, 유한양행 창업주 유일한이 사망합니다. 미국에서 사업을 하던 그는 약 때문에 어려움을 겪는 동포들을 구하고자 한국에 유한양행을 세워 민족의 건강 증진에 필요한 의약품 사업을 벌입니다. 이후 미국에 잠시 건너갔다가 광복 후 다시 유한양행을 운영하며 각종 사회사업을 펼쳤지요. 경영에서 은퇴할 때는 전문 경영인을 선임했고, 재산 대부분을 사회에 환원했습니다. 노블리스 오블리주의 표상이라 할 만하지요.

🔍 **연관 날짜**   1979년 8월 31일 장기려 막사이사이상 수상

1920년 청산리대첩

오늘, 독립전쟁사에서 가장 큰 승리로 기록된 청산리전투가 시작됩니다. 봉오동전투에서 독립군이 승리하자 일제는 대규모 병력을 동원해 만주의 독립군을 추격했습니다. 김좌진이 이끈 북로군정서군과 홍범도가 이끈 독립군 연합 부대는 청산리 일대에서 일본군과 대치했지요. 6일간의 치열한 전투 끝에 일본군 1,200여 명을 사살하며 큰 승리를 거두었습니다. 이는 국내 민족운동이 활발해지는 계기가 되었지요.

🔍 **연관 날짜** | 1920년 6월 7일 봉오동전투 승리

1623년 인조반정

오늘, 광해군을 폐위하고 인조를 옹립하는 인조반정이 일어납니다. 정통성이 약했던 광해군은 왕권 유지를 위해 동생 영창대군을 증살하고 새어머니 인목대비를 유폐시키며 유교 윤리에 어긋나는 행동을 합니다. 더불어 중립외교와 대동법까지 밀어붙이자 서인들이 불효와 불의를 명분으로 인조반정을 일으켰지요. 정권을 잡은 인조는 반정 명분에 따라 친명배금의 정책을 펼칩니다. 결국 이것이 빌미가 되어 병자호란이 일어났지요.

🔍 **연관 날짜**   1637년 1월 30일 삼전도 굴욕

1883년 원산학사 정부 승인

오늘, 우리나라 최초의 근대 학교 원산학사가 정부의 공식 승인을 받습니다. 강화도조약 체결로 개항된 원산에는 일본인 거류지가 형성되고, 일본 상인들의 상업 활동이 펼쳐졌습니다. 일본의 경제 침투에 대응하기 위해 근대 지식을 갖춘 인재를 육성하고자 주민들이 기금을 모아 개화파 관료들과 함께 설립한 학교가 바로 원산학사이지요. 문·무예반으로 구성된 원산학사에서는 외국어와 근대 학문뿐 아니라 무예도 교육했습니다.

🔍 **연관 날짜**   1886년 5월 31일 이화학당 설립

1925년 이승만 탄핵 상정

오늘, 대한민국 임시정부 대통령 이승만의 탄핵안이 상정됩니다. 자금 조달이 어려워지고, 외교에서도 성과를 거두지 못하자 임시정부 내부에 서는 독립운동 노선을 두고 의견 충돌이 일어납니다. 이런 상황에 이승 만이 국제연맹에 한국의 위임통치를 청원한 사실이 알려지며 임정 개편 요구가 커졌지요. 임시의정원은 이승만을 탄핵하고 박은식을 대통령으 로 추대한 뒤 국무령제로 바꾸며 집단지도체제로 전환했습니다.

🔍 **연관 날짜** | 1919년 9월 11일 통합 임시정부 수립

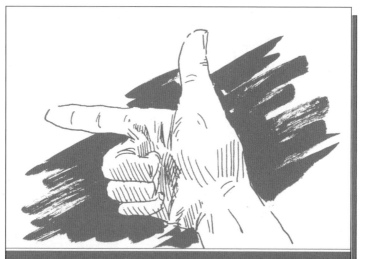

1948년 여수·순천 10·19사건

오늘, 여수에 주둔하던 국방경비대 제14연대 군인들이 제주4·3사건 진압 명령에 불복해 반란을 일으킵니다. 이들은 '동족상잔의 제주도 출동 반대'를 내세워 출병을 거부했고, 정부는 여수·순천 지역에 계엄령을 발효했죠. 진압군은 시민들 중에 협력자를 색출한다며 '손가락총'으로 의심되는 사람을 지목하게 했고, 이 과정에서 민간인 2,000여 명이 학살당했습니다. 큰 희생을 빚어낸 슬픈 사건입니다.

🔍 **연관 날짜**   1948년 4월 3일 제주4·3사건

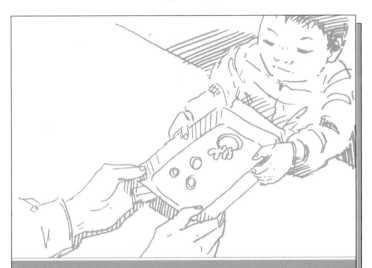

1998년 금모으기운동 종결

오늘, 외환 위기 극복을 위해 국민들이 자발적으로 전개한 금모으기운 동이 종결됩니다. 나라의 부채를 갚기 위해 국민들이 장롱 속 금붙이, 아 기 돌반지 등을 내놓은 범국민적인 운동으로 신(新)국채보상운동이라고 도 불립니다. 1차 모금 결과, 전 국민의 23퍼센트가 참여했으며 무려 금 225톤이 모였지요. 부족한 외환을 보충하는 데 큰 도움을 주었을 뿐만 아니라 함께 위기를 극복하려는 마음을 확인한 시간이었습니다.

| 🔍 연관 날짜 | 1997년 11월 21일 IMF 구제 금융 요청 |

1480년 어우동 사망

오늘, 조선을 발칵 뒤집은 스캔들의 주인공 어우동이 교수형에 처해집니다. 사대부 집안의 딸로 태어난 어우동은 남편에게 버림받은 후 자유연애를 시작해 17명의 남자와 간통합니다. 당시 법률로 간통죄는 사형까지 처해지지 않았으나 유교 질서를 확립하려던 성종의 강한 의지로 교수형이 내려졌지요. 그러나 죽은 것은 어우동뿐, 연루된 양반 남성 대부분은 풀려났습니다. 어우동은 시대의 이데올로기를 위한 희생양이었지요.

🔍 **연관 날짜** | 1470년 11월 8일 《경국대전》 완성

1910년 오광심 출생

오늘, 독립운동가 오광심이 태어납니다. 1934년 대한민국 임시정부 요원들이 머물던 중국 난징에서 오광심에게 특명이 내려졌습니다. 200여쪽의 기밀문서를 만주에 있는 조선혁명군 지도부에 전달하는 것. 일제의 삼엄한 검문을 피하기 위해 오광심은 문서 전체를 외웠습니다. 그리고 1,500킬로미터를 무사히 이동해 만주에 도착했지요. 이 덕분에 중국 관내 최대 규모인 항일통일전선 민족혁명당이 수립되었습니다.

🔍 연관 날짜	1920년 8월 3일 안경신 의거

1884년 갑신정변

오늘, 청으로부터의 독립과 조선의 개화를 목표로 한 갑신정변이 일어납니다. 김옥균을 중심으로 한 급진개화파는 고종과 명성황후를 사로잡은 뒤 개화당 정부를 수립하고 개혁 정강을 발표했습니다. 핵심 내용 중에는 신분제 폐지도 있었지요. 양반 자제들이 기득권을 내려놓고 신분제가 없는 세상을 꿈꿨던 것입니다. 그러나 이 위로부터의 개혁은 청의 군사 개입으로 3일 천하로 끝나고 말았습니다.

🔍 **연관 날짜** | 2019년 5월 11일 동학농민혁명 기념일 제정

1420년 경복궁 집현전 설치

오늘, 세종이 인재 양성과 학문 발전을 위해 궁궐 안에 집현전을 설치합니다. 이전에도 집현전은 존재한 적이 있었으나 이때 학문 연구 기관으로 확대 개편되었습니다. 세종은 집현전 학자들이 학문 연구에만 집중할 수 있도록 지원을 아끼지 않았습니다. 그 결과 집현전 학자들은 《고려사》, 《농사직설》, 《삼강행실도》 등 세종 대의 수많은 편찬 사업을 주도했고 훈민정음 해설서인 《훈민정음해례본》도 편찬했지요.

🔍 **연관 날짜** 1776년 9월 25일 창덕궁 규장각 설치

1979년 부마민주항쟁

오늘, 유신 체제에 반대하는 부마민주항쟁이 시작됩니다. YH무역사건으로 야당 총재인 김영삼이 유신 독재를 강하게 비판하자 여당은 그를 의원직에서 제명시킵니다. 이에 김영삼 의원의 본거지인 부산과 마산에서 학생들을 중심으로 유신 철폐를 요구하는 대규모 시위가 일어났지요. 정부는 이를 강경하게 진압했고 이후 사건의 처리를 두고 정권 내부에서 갈등이 벌어집니다. 유신 체제를 붕괴시킨 결정적 사건이었지요.

🔍 **연관 날짜** | 1979년 10월 26일 10·26사태

3월

17

1867년 이회영 출생

오늘, 독립운동가 이회영이 태어납니다. 이회영 가문은 대대로 높은 벼슬을 지낸 명문가로 재산도 대단했습니다. 이회영과 형제들은 경술국치 이후 가산을 처분해 지금 가치로 600억 원이 넘는 돈을 마련한 뒤 만주로 가 독립운동기지를 건설했지요. 신흥강습소를 설립해 독립군 양성에도 힘썼습니다. 돈은 3년 만에 바닥났지만 모든 형제들이 독립운동에 투신했습니다. 이회영 역시 독립운동을 이어가다 감옥에서 순국했지요.

🔍 **연관 날짜** 1919년 5월 3일 신흥무관학교 개교

2001년 일본 총리 과거사 반성

오늘, 고이즈미 일본 총리가 일본의 식민 지배에 대한 사죄와 반성의 뜻을 밝힙니다. 김대중 대통령과 정상회담을 갖기 위해 방한한 고이즈미 일본 총리는 국립현충원을 방문해 헌화하고, 옛 서대문형무소 자리에 있는 서대문독립공원을 방문했습니다. 이어 과거사에 대한 반성과 사죄의 뜻을 표명했지요. 그러나 이후 독도 영유권, 역사 왜곡 논란을 방치하고 야스쿠니 신사를 참배해 사죄에 진정성 문제가 뒤따랐습니다.

🔍 **연관 날짜** ｜ 1965년 6월 22일 한일기본조약 조인

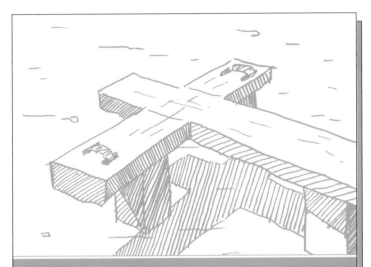

1912년 조선태형령 공포

오늘, 일제가 조선태형령을 공포합니다. 한국의 국권을 강탈한 일제는 저항을 억누르기 위해 1910년대에 헌병경찰제를 바탕으로 무단통치를 실시합니다. 그 일환으로 한국인에게만 적용되는 조선태형령을 공포했지요. 헌병 경찰은 즉결 처분권을 가져 볼기를 때리는 태형 등의 형벌을 내릴 수 있었습니다. 일제의 폭력적인 무단통치의 상징으로 3·1운동을 계기로 이른바 '문화통치'가 실시되면서 폐지됐습니다.

🔍 연관 날짜	1919년 8월 19일 조선총독부 관제 개편

1985년 청주 흥덕사지 발견

오늘, 현존하는 세계에서 가장 오래된 금속활자본 《직지》를 발간한 흥덕사지를 발견합니다. 청주 흥덕사는 《직지》를 주자하고 발간하던 사찰로 기록되어 있었으나 정확한 위치는 알려지지 않았죠. 1985년 발굴 과정에서 '흥덕사'가 새겨진 사찰용 종과 청동사발이 발견되면서 실재했음이 증명되었습니다.

🔍 **연관 날짜** | 2001년 9월 4일 《직지》 유네스코 등재

1921년 나혜석 개인전 개최

오늘, 나혜석이 한국 여성 화가 최초로 개인전을 개최합니다. 화가이자 시인, 여성운동가, 언론인이었던 나혜석은 당시 신여성을 상징하는 인물 이었습니다. 일본 유학에서 돌아온 뒤 3·1운동에 가담해 여학생들의 운 동을 주도한 혐의로 5개월간 투옥되기도 했지요. <이혼고백서>라는 글 에서는 여성에게만 요구되는 정조를 비판하고, 그런 관념은 해체돼야 한 다는 시대를 앞서나간 주장을 펼치기도 했습니다.

🔍 **연관 날짜** | 1480년 10월 18일 어우동 사망

1966년 《무구정광대다라니경》 발견

오늘, 경주 불국사의 삼층석탑을 해체하던 중 현존하는 세계에서 가장 오래된 목판 인쇄본 《무구정광대다라니경》이 발견됩니다. 《무구정광대다라니경》은 751년경 간행된 것으로 추정되는 불교 경전으로, 이것이 발견됨으로써 세계에서 가장 오래된 목판 인쇄물의 자리가 바뀌게 되었지요. 이 덕분에 8세기 중엽 우리나라의 목판 인쇄가 상당한 수준에 도달했음을 알 수 있습니다.

Q **연관 날짜** 774년 12월 2일 김대성 사망

1946년 제1차 미소공동위원회

오늘, 덕수궁 석조전에서 제1차 미소공동위원회가 개최됩니다. 모스크바 3국 외상회의 결과로 미국과 소련의 공동위원회 설치가 결정되어 회담이 열린 것이지요. 그러나 미국과 소련은 미소공동위원회와 임시정부 수립에 관한 협의에 참여할 단체의 범위를 놓고 대립해 성과 없이 무기한 연기를 결정합니다. 제2차 회의에서도 의견 차이를 좁히지 못해 결국 한국 문제를 유엔총회에 상정했지요.

Q **연관 날짜**   1948년 5월 10일 5·10총선거

1897년 대한제국 선포

오늘, 고종이 환구단에서 대한제국을 선포합니다. 아관파천 1년 후 경운 궁으로 돌아온 고종은 연호를 '광무'로 바꾸고 황제로 즉위해 대한제국을 수립했습니다. 칭제건원을 통해 국가 위상을 높여야 한다는 건의와 열강 의 간섭에서 벗어나 자주독립을 이뤄야 한다는 주장을 수렴한 결과였죠. 이후 광무개혁을 단행해 근대적 토지권을 확인하고 상공업 진흥 등에 힘 썼으나 근대 국민국가를 이룩할 만한 개혁은 성취하지 못했습니다.

🔍 **연관 날짜** | 1904년 2월 23일 한일의정서 조인

1260년 원종 즉위

오늘, 고려 원종이 즉위합니다. 오랫동안 대몽항전을 펼치던 고려는 몽골과의 강화를 결정하고 태자 원종을 보냅니다. 그런데 여정 중 몽골 황제가 죽고, 후계자 전쟁이 벌어졌죠. 이 혼란한 상황에서 태자는 쿠빌라이를 만나 고려의 풍습을 유지하는 조건으로 강화를 맺을 것을 청했습니다. 이후 쿠빌라이가 황제가 되었고, 원종의 선택으로 고려는 원의 간섭은 받았으나 국호와 풍습은 유지할 수 있었지요.

🔍 **연관 날짜** ｜ 1273년 4월 28일 삼별초항쟁 종료

1251년 해인사 대장경 완성

오늘, 세계에서 가장 완벽한 대장경으로 평가받는 해인사 대장경이 완성됩니다. 고려인들은 부처의 힘을 빌려 몽골의 침입을 막고자 대장경을 조판합니다. 총 8만여 장에 달해 팔만대장경이라 이름 붙은 이 목판은 완성되기까지 약 15년이 걸렸습니다. 간절한 소망을 담아 한 글자 한 글자 새긴 해인사 대장경은 국보로 지정되었을 뿐만 아니라 유네스코 세계기록유산에 등재되어 그 가치를 인정받고 있습니다.

🔍 **연관 날짜** 1232년 12월 16일 처인성전투 승리

1897년 경인선 기공식

오늘, 오늘날 우리나라 최초의 철도인 경인선 기공식이 열렸습니다. 미국인 제임스 모스는 고종으로부터 경인철도 부설권을 허락받아 한국개발공사를 설립하고 오늘 기공식을 가졌습니다. 그러나 2년도 채 되지 않아 자금난에 처해 부설권을 일본에 넘기고 말았지요. 일본은 청일전쟁 때부터 한국 철도 부설권을 노렸습니다. 이후 빠르게 공사가 진행되어 1899년 9월 18일 경인선 개통식이 거행됐지요.

🔍 연관 날짜	1905년 5월 25일 경부선 개통식

1453년 계유정난

오늘, 세조가 조카 단종의 왕위를 찬탈하기 위해 계유정난을 일으킵니다. 세종의 장자 문종이 재위 2년 만에 죽자, 그의 아들 단종이 11살의 어린 나이로 즉위합니다. 이에 세종의 둘째 아들 수양대군이 왕위에 욕심을 냅니다. 그리고 문종의 유지에 따라 단종을 보필하던 김종서에게 모반죄를 씌워 철퇴로 살해하고 실권을 장악했지요. 그로부터 2년 뒤 수양대군은 단종을 내리고 세조로 즉위합니다.

🔍 **연관 날짜** | 1456년 6월 2일 단종복위운동 발각

1908년 전명운 · 장인환 의거

오늘, 독립운동가 전명운과 장인환이 스티븐스를 저격합니다. 일본이 파견한 외교 고문 미국인 스티븐스는 일본의 식민 지배를 찬성해 미국 동포들 사이에서 반감을 샀습니다. 이에 전명운과 장인환은 사전 모의 없이 각자 처단을 준비했지요. 그리고 오늘, 스티븐스가 페리 부두에 나타나자, 전명운이 먼저 공격했고 이후 상황을 지켜보던 장인환이 스티븐스를 저격합니다. 이 의거로 스티븐스는 이틀 후 사망했지요.

Q **연관 날짜** | 1910년 3월 26일 안중근 순국

世_솅宗_종御_엉製_졩訓_훈民_민正_졍音_흠

나·랏말ᄊᆞ·미

中_듕國_귁·에달·아

文_문字_{ᄍᆞ}·와·로서르ᄉᆞᄆᆞᆺ디·아

1946년 한글날 지정

오늘은 한글날입니다. 세종이 모든 사람들로 하여금 쉽게 익혀 날마다 쓰는 데 있어 편하게 하고자 만든 훈민정음은 1443년 총 28자로 창제되어 1446년 반포됩니다. 원래 음력 9월 29일을 반포일로 추정해서 조선어연구회가 이날을 '가갸날'로 정하고 기념식을 가졌는데, 《훈민정음해례본》이 발견되면서 반포일이 음력 9월 10일임을 알게 되었죠. 이를 양력으로 환산한 10월 9일이 한글날이 되었습니다.

🔍 **연관 날짜** | 1921년 12월 3일 조선어연구회 조직

1406년 호패법 검토

오늘, 조선 태종이 의정부에 호패법을 의논하고 시행하게 합니다. 호패는 조선 시대의 주민등록증과 같은 것으로 16세 이상의 양인 남자라면 누구나 차고 다녀야 했습니다. 호구(戶口) 파악, 유민 방지, 각종 국역의 안정적인 조달이 목적이었지만, 가난한 백성들 입장에서는 호패를 받으면 곧바로 군역 대상자가 되니 무척 부담스러웠지요. 태종 때 처음 실시된 호패법은 조선 시대 내내 시행과 중지를 거듭했습니다.

🔍 **연관 날짜**   1402년 1월 6일 무과법 실시

1994년 박경리 《토지》 완간

오늘, 소설가 박경리가 집필 26년 만에 《토지》를 완간합니다. 1969년부터 집필을 시작해 전 5부 16권으로 완성한 대하소설이지요. 구한말부터 일제강점기에 이르기까지 지주 계층이었던 최씨 일가를 중심으로 한민족이 겪은 고난의 삶을 생생하게 그려냈습니다. 한국소설사의 역작으로 평가될 뿐만 아니라 언어학적으로 큰 사료가 되어주고 있지요.

🔍 **연관 날짜**   1919년 3월 1일 3·1운동

1784년 유득공 《발해고》 작성

오늘, 조선의 실학자 유득공이 《발해고》의 서문을 작성합니다. 유득공은 《발해고》에서 발해가 고구려 후계자임을 분명히 밝히고 신라와의 병립 시기를 남북국 시대로 보아야 한다고 주장해 발해를 우리 고대 역사로 인식하게 만들었지요. 대조영을 중심으로 고구려 유민이 세운 발해는 우리나라 역사상 가장 넓은 영토를 차지한 나라로 동쪽에서 크게 번성한 나라라는 뜻의 '해동성국'이라 불렸습니다.

🔍 **연관 날짜** | 668년 9월 21일 고구려 멸망

1946년 좌우합작7원칙 발표

오늘, 좌우합작위원회에서 좌우합작7원칙을 발표합니다. 광복 이후 분단에 대한 위기감이 높아지자 중도 좌파 여운형과 중도 우파 김규식은 분단을 막으려 좌우합작위원회를 조직합니다. 그리고 민주주의 임시정부 수립, 미소공동위원회 속개 등의 내용을 담은 7원칙을 발표했죠. 좌우가 협력해 통일 정부를 수립하려는 움직이었으나 좌우의 의견 충돌, 미군정의 지원 철회, 여운형 암살 등으로 중단되고 말았습니다.

🔍 **연관 날짜** | 1948년 5월 6일 남북협상 공동 성명 발표

1910년 안중근 순국

오늘, 하얼빈역에서 이토 히로부미를 사살한 독립운동가 안중근이 순국합니다. 러시아 연해주에서 항일무장투쟁을 벌이던 안중근은 1909년 10월 26일, 이토 히로부미를 저격하고 현장에서 체포됩니다. 이후 일제로부터 사형을 언도받고 감옥에서 《동양평화론》을 집필하며 의연히 죽음을 받아들였지요. 그의 무덤이 독립운동의 성지가 될 것을 우려한 일본이 유해가 묻힌 장소를 숨긴 탓에 지금까지도 유해를 찾지 못했습니다.

🔍 **연관 날짜**   1920년 4월 7일 최재형 순국

1952년 백마고지전투

오늘, 철원 백마고지에서 국군과 중국군 사이의 고지쟁탈전이 시작됩니다. 6·25전쟁 중 휴전회담이 교착상태에 빠지고 판문점에서 포로 회담마저 해결되지 않자, 중국군은 철원 북방 백마고지를 확보하고 있던 국군을 공격했습니다. 전투 개시 후 약 열흘간 백마고지의 주인이 일곱 번이나 바뀔 만큼 치열한 혈전이었지요. 마침내 국군이 백마고지를 확보하는 데 성공했으나 중국군과 국군 모두 수많은 사상자가 발생했습니다.

| 🔍 연관 날짜 | 1956년 6월 6일 제1회 현충일 추도식 |

1982년 프로야구 출범

오늘, 한국 프로야구가 출범합니다. 정권을 잡은 전두환 정부는 민주화 운동을 탄압하고 삼청교육대를 창설하는 등 강한 통제 정책을 실시하는 한편 이에 대한 불만을 무마하기 위해 통금을 해제하고 해외여행을 자유화했습니다. 1976년부터 출범을 준비하던 프로야구는 국민들의 관심을 정치로부터 멀어지게 하려는 정부의 정책 덕에 순조롭게 출발했지요. 지금은 국민 스포츠로 자리 잡아 많은 사랑을 받고 있습니다.

🔍 **연관 날짜** | 1987년 12월 23일 야간통행금지 해제

1101년 대각국사 의천 사망

오늘, 고려의 불교 개혁에 앞장섰던 대각국사 의천이 사망합니다. 의천은 고려 문종의 넷째 아들로 본래 왕자였습니다. 불심이 깊은 아버지 문종이 이름 높은 승려가 없는 것을 안타까워 하자 11살의 어린 나이에 스스로 승려가 되겠다고 나선 뒤 출가했습니다. 의천은 당시 대립하고 있던 고려 교단의 통합 운동을 전개하고 고려 발전을 위해 노력했습니다. 입적 이틀 전 숙종이 국사로 책봉해 대각국사로 불리게 되었지요.

🔍 연관 날짜   1101년 8월 4일 원효·의상 시호 추증

1969년 김수환 추기경 서임

오늘, 교황 바오로 6세에 의해 김수환 신부가 한국 최초의 추기경으로 서임됩니다. 추기경은 교황 다음으로 권위와 명예를 누리는 가톨릭 고위 성직자이지요. 김수환 추기경은 평생을 국민 인권과 사회정의를 위한 일에 앞장섰습니다. 1980년대 민주화 운동 때에는 정부의 탄압을 피해 명동성당에 들어온 사람들을 지켜주었지요. 덕분에 명동성당은 시위대의 피난처이자 민주화 운동의 중심지가 되었습니다.

Q **연관 날짜** | 1987년 6월 10일 6월 민주항쟁

1963년 이준 유해 봉환식

오늘, 헤이그 특사 이준의 국민장 의식이 거행됩니다. 1907년 네덜란드 헤이그에서 세계평화회의가 열린다는 소식에, 이준은 고종에게 특사를 파견해 을사늑약의 부당함을 알릴 것을 건의하고 허락받습니다. 하지만 일본과 영국의 방해로 특사 활동은 성공하지 못했습니다. 이에 격분한 이준은 헤이그에서 갑작스럽게 사망했죠. 그의 유해는 사망 후 55년 만에 조국의 품으로 돌아올 수 있었습니다.

🔍 **연관 날짜** | 1907년 8월 1일 대한제국 군대 강제 해산

1895년 전봉준 사형 언도

오늘, 녹두장군 전봉준이 사형을 선고받습니다. 소농으로 훈장을 겸하던 전봉준은 동학에 입교한 뒤 지도자가 되었습니다. 고부 군수가 농민들에게 과중한 세금을 부과하고 재물을 빼앗자 고부농민동기를 일으켰고, 동학농민군을 조직해 동학농민혁명을 주도했지요. 키가 작아 녹두장군으로 불린 전봉준. 양반 중심의 사회를 개혁하고, 외세로부터 나라를 보호했던 그는 결국 체포되어 교수형에 처해지고 말았습니다.

🔍 연관 날짜 | 2019년 5월 11일 동학농민혁명 기념일 제정

1949년 개천절 제정

오늘은 개천절입니다. 단군기원 원년 음력 10월 3일, 단군이 고조선을 건국한 것을 기리기 위해 이날로 제정되었지요. 우리 역사상 최초의 국가인 고조선은 '널리 인간을 이롭게 하라'는 뜻의 홍익인간을 건국이념으로 삼았습니다. 누군가에게 도움을 주기 위한 생각으로 시작된 우리나라. 지금 내가 할 수 있는 일이 무엇인지 생각하는 오늘이 되길 바랍니다.

🔍 **연관 날짜** | 1945년 8월 15일 광복

1919년 의주학살사건

오늘, 만세운동이 벌어진 의주에서 학살 사건이 발생합니다. 3·1운동 이후 의주에서는 한 달 내내 독립만세운동이 이어졌습니다. 민족 대표 33인 중 하나였던 유여대 목사를 중심으로 영산시장에서 만세운동이 시작되자 4천여 명이 모여 대규모 시위가 일어났습니다. 헌병들이 총을 발포해 사상자가 발생했지만 시위대는 굴하지 않았지요. 한국인의 독립 의지를 널리 알린, 평안도 대표적 독립만세운동입니다.

🔍 **연관 날짜** | 1919년 3월 1일 3·1운동

1434년 앙부일구 설치

오늘, 해시계 앙부일구를 혜정교와 종묘 앞에 설치하고 시간을 관측합니다. 혜정교와 종묘 앞은 한양의 중심가로 세종은 백성들이 다니는 대로변에 앙부일구를 설치해 누구나 시간을 알 수 있도록 했습니다. 한국 최초의 공중시계였던 셈이죠. 특히 글을 모르는 백성들이 시간을 알 수 있도록 시각을 그림으로 표현했다고 합니다. 앙부일구로 세종은 백성들에게 시간을 선물해준 셈이니, 항상 백성을 위했던 세종답지요?

Q **연관 날짜** 1438년 1월 7일 경복궁 흠경각 완성

3월
31

1941년 국민학교령 시행

오늘, 조선의 소학교가 국민학교로 개칭됩니다. 만주사변, 중일전쟁, 태평양전쟁 등을 일으킨 일본은 식민지 조선을 전쟁에 효율적으로 동원하고자 했습니다. 이를 위해 황국신민화정책을 펼쳤는데, 국민학교령은 어렸을 때부터 황국신민이라는 의식을 세뇌시키기 위한 것이었죠. 국민학교의 '국민'이 바로 '황국신민'을 뜻하는 말이었습니다. 이 때문에 국민학교는 1995년 역사바로세우기정책으로 초등학교라 개칭됐지요.

🔍 **연관 날짜**   1938년 6월 18일 황국신민서사 제창 지시

1883년 《한성순보》 창간

오늘, 우리나라 최초의 근대 신문 《한성순보》가 창간됩니다. 수신사로 일본에 갔던 박영효는 국민 계몽에 신문이 필요하다는 것을 절감하고, 귀국 후 고종에게 이를 고합니다. 고종은 근대 인쇄 관리소인 박문국을 설치해 신문 발간을 허락했지요. 《한성순보》는 10일에 한 번 발간되어 순보라 했고, 순한문으로 이뤄졌습니다. 갑신정변 때 박문국이 불타버려 발간이 중단됐다가 《한성주보》로 제호를 바꿔 다시 발간했습니다.

🔍 **연관 날짜** | 1884년 10월 17일 갑신정변

4월

4월 1일 국가총동원법 공포

4월 2일 안창남 사망

4월 3일 제주4·3사건

4월 4일 정몽주 사망

4월 5일 식목일 제정

4월 6일 조미수호통상조약 체결

4월 7일 최재형 순국

4월 8일 석가탄신일 제정

4월 9일 인혁당사건 사형 집행

4월 10일 백두산함 진해 입항

4월 11일 대한민국 임시정부 수립

4월 12일 서울 지하철 착공

4월 13일 임진왜란

4월 14일 파리만국박람회 참여

4월 15일 박혁거세 즉위

4월 16일 세월호 참사

4월 17일 전두환·노태우 형량 확정

4월 18일 남연군묘 도굴사건

4월 19일 4·19혁명

4월 20일 장애인의 날 제정

4월 21일 주기철 사망

4월 22일 새마을운동

4월 23일 초지진전투 패배

4월 24일 박문수 사망

4월 25일 유길준《서유견문》간행

4월 26일 소현세자 사망

4월 27일 제3차 남북정상회담

4월 28일 삼별초항쟁 종료

4월 29일 신문지법 개정

4월 30일 의주파천

10월

10월 1일 《한성순보》 창간
10월 2일 양부일구 설치
10월 3일 개천절 제정
10월 4일 이준 유해 봉환식
10월 5일 대각국사 의천 사망
10월 6일 백마고지전투
10월 7일 좌우합작7원칙 발표
10월 8일 박경리 《토지》 완간
10월 9일 한글날 지정
10월 10일 계유정난
10월 11일 해인사 대장경 완성
10월 12일 대한제국 선포
10월 13일 《무구정광대다라니경》 발견
10월 14일 청주 흥덕사지 발견
10월 15일 일본 총리 과거사 반성

10월 16일 부마민주항쟁
10월 17일 갑신정변
10월 18일 어우동 사망
10월 19일 여수·순천 10·19사건
10월 20일 원산학사 정부 승인
10월 21일 청산리대첩
10월 22일 반민특위 설치
10월 23일 고국원왕 전사
10월 24일 대공황 암흑의 목요일
10월 25일 독도의 날 제정
10월 26일 10·26사태
10월 27일 직선제 국민투표 실시
10월 28일 황성기독교청년회 발족
10월 29일 김약연 사망
10월 30일 남한대토벌작전 종료
10월 31일 미륵사지 석탑 해체

1938년 국가총동원법 공포

오늘, 중일전쟁을 일으킨 일본이 국가총동원법을 공포합니다. 대공황의 위기에서 벗어나기 위해 침략 전쟁을 일삼던 일제는 전쟁에 필요한 인적, 물적 자원을 충당하려 국가총동원법을 제정합니다. 식민지였던 한국에는 더욱 가혹하게 적용해 공출과 배급, 강제 징용, 노동력 착취 등이 자행됐죠. 극심한 수탈로 우리 민족을 생존의 끝자락까지 내몰았습니다.

🔍 연관 날짜	2017년 8월 14일 기림의 날 지정

1932년 이봉창 사형 언도

오늘, 이봉창이 일왕의 마차를 향해 폭탄을 던졌다는 이유로 사형 선고를 받습니다. 일본에서 한국인이라는 이유만으로 차별과 멸시를 받은 이봉창은 1930년 겨울, 상하이로 건너갔습니다. 그곳에서 김구를 만나 독립운동에 대한 의지를 다지고 한인애국단의 첫 번째 단원이 되었지요. 비록 이봉창의 의거는 일왕을 폭살하진 못했지만 많은 사람에게 대한 독립의 의지를 심어주었습니다.

🔍 **연관 날짜** | 1946년 7월 6일 삼(三)의사 국민장

1930년 안창남 사망

오늘, 항공 조종사이자 독립운동가 안창남이 사망합니다. 그는 우편비행 대회에서 최우수상을 받을 만큼 뛰어난 비행사였죠. 1924년 대한민국 임시정부 요원과 접촉한 뒤 본격적으로 독립운동에 가담하게 된 그는 대한독립공명단을 조직해 비행학교 및 무관학교 설립과 군사 양성을 계획했고 이를 통해 상당한 독립운동 자금을 지원했지요. 항공독립운동의 문을 연 안창남은 한국인에게 우리도 하면 된다는 희망을 심어주었습니다.

🔍 연관 날짜	1924년 7월 5일 권기옥 첫 단독 비행

414년 광개토왕릉비 건립

오늘, 장수왕이 광개토왕릉비를 건립합니다. 광개토태왕은 재위 기간 동안 다수의 정복 전쟁으로 고구려의 영토를 확장시킨 왕입니다. 중국 연호를 버리고 '영락'이라는 독자적인 연호를 쓰며 자주국 고구려의 위엄을 보여주었고, 신라에 침입한 왜군을 물리치기 위해 정예병을 보내주기도 했지요. 광개토태왕의 아들 장수왕은 이러한 아버지의 업적을 길이 남기기 위해 높이 6미터가 넘는 광개토왕릉비를 세웠습니다.

🔍 **연관 날짜** 668년 9월 21일 고구려 멸망

4월
3

1948년 제주4·3사건

오늘, 제주도에서 남한 단독 선거를 반대하며 남로당 무장대가 무장봉기를 일으킵니다. 미군정은 이를 치안 상황으로 간주하고 무력으로 사태를 막으려 했지요. 5·10총선거로 남한 정부가 수립된 후에도 저항이 지속되자 이승만 정부는 대규모 진압 작전을 벌였습니다. 제주도에 계엄령을 선포하고 중산간마을 주민들을 해변으로 강제 이주했지요. 이 과정에서 수많은 민간인이 무장대에 협조했다는 이유로 희생되었습니다.

🔍 **연관 날짜** | 1948년 10월 19일 여수·순천 10·19사건

1920년 유관순 순국

오늘, 아우내 만세운동을 주도했던 유관순이 일제의 고문에 의해 옥중 순국합니다. 이화학당 학생으로 3·1운동에 참여했던 유관순은 학교가 문을 닫자 고향인 천안으로 내려가 사람들을 아우내 장터로 모으고 태극 기를 나눠주었습니다. 서대문형무소에 수감되어서도 옥중 만세운동을 벌였지요. 19살의 어린 나이에 모진 고문으로 숨을 거둘 때까지 만세 시 위를 멈추지 않았습니다.

🔍 **연관 날짜** | 1919년 3월 1일 3·1운동

1392년 정몽주 사망

오늘, 고려의 충신 정몽주가 피살됩니다. 태조 이성계의 아들 이방원은 정몽주에게 새 왕조 건설에 참여할 뜻이 있는지 묻기 위해 〈하여가〉를 지었습니다. 고려 개혁은 꿈꾸지만 왕조는 유지하려는 정몽주는 "일백 번 고쳐 죽어도 뜻이 변하지 않으리"라는 〈단심가〉로 화답했지요. 그가 마음을 바꾸지 않으리라는 것을 눈치 챈 이방원은 대학자 정몽주를 처단합니다.

🔍 **연관 날짜** 1388년 5월 22일 태조 이성계 위화도 회군

1484년 창경궁 완공

오늘, 성종이 왕실 대비들을 위한 공간으로 창경궁을 창건합니다. 창경궁은 창건 초기에는 쓰임새가 많지 않았으나, 임진왜란 후 창덕궁이 정궁 역할을 하면서 이궁(離宮)으로서 활용 빈도가 높아졌지요. 1900년대에는 일제에 의해 동물원과 식물원이 설치되고 이후 이름마저 창경원으로 격하되는 수모를 겪었지만, 1983년부터 복원 사업을 시작해 본래 궁궐의 모습을 되찾고 있습니다.

🔍 **연관 날짜**   1968년 12월 11일 광화문 재건

1946년 식목일 제정

오늘은 식목일입니다. 성종이 백성에게 농사를 권하기 위해 선농단에 나가 직접 밭을 일군 날이기도 하죠. 1946년 미군정이 식목일을 제정한 이후에 식목일은 여러 차례 공휴일로 지정되고 제외되길 반복하다가 2006년부터 지금까지 법정기념일로 지정되고 있습니다. 최근에는 지구 온난화로 한반도의 평균 기온이 상승하면서 식목일 날짜를 앞당겨야 한다는 주장이 제기되고 있지요.

🔍 **연관 날짜** | 2005년 2월 16일 교토의정서 발효

1881년 영선사 파견

오늘, 청으로 영선사가 파견됩니다. 영선사는 근대 무기 제조법을 배우려 청에 파견된 유학생들을 인솔하는 역할이었지요. 유학생들은 톈진기기 국에서 화약 제조법을 비롯해 화학, 전기, 기초 기계학 등 다양한 분야를 학습했습니다. 그러나 임오군란으로 조기 귀국하게 됐지요. 이후 유학생 들은 조선의 근대 무기를 제작하는 핵심 인력으로 거듭나, 서울 삼청동 에 최초의 무기 공장인 기기창을 창건하는 계기가 되었습니다.

🔍 **연관 날짜** 1883년 5월 23일 기기국 설치

1882년 조미수호통상조약 체결

오늘, 조선과 미국 간에 통상협상조약이 체결됩니다. 강화도조약 체결 이후 미국은 청에 조선과 통상조약을 체결할 수 있게 해달라고 요청했습니다. 청의 알선으로 체결된 조약이 바로 조미수호통상조약이지요. 이 조약은 우리나라가 서구와 맺은 최초의 조약으로 관세 설정, 거중 조정 등의 내용이 포함되어 있지만 치외법권, 최혜국 대우 조항 등이 포함된 불평등조약이었습니다.

🔍 **연관 날짜** | 1876년 2월 3일 강화도조약 체결

1776년 창덕궁 규장각 설치

오늘, 정조가 왕실 도서관이자 정책 연구 기관인 규장각을 궁궐 내에 설치합니다. 능력 중심으로 인재를 등용해 학술 진흥과 탕평 정치를 펼치려 한 정조는 규장각 검서관에 서얼을 등용하는 등 파격 행보를 펼쳤습니다. 초계문신으로 등용된 젊고 재능 있는 문신들도 규장각에서 교육받았지요. 규장각에서 양성된 학자들은 정조 대의 문예부흥을 주도하고 왕권을 뒷받침했습니다.

Q **연관 날짜** | 1836년 2월 22일 정약용 사망

1920년 최재형 순국

오늘, 독립운동가 최재형이 사망합니다. 가난을 피해 러시아로 이주한 그는 막대한 부를 일군 자산가로 성공했습니다. 편안하게 살 수도 있었 지만 조국의 독립과 연해주 한인 사회를 돌보는 데 재산의 대부분을 썼 지요. 그런 그를 두고 사람들은 따뜻한 난로 '페치카'라고 불렀습니다. 그 는 안중근의 하얼빈 의거를 지원하고, 연해주 독립운동 단체의 중심인물 로 활동하며 대한민국 임시정부 초대 재무총장에 임명됐습니다.

🔍 연관 날짜	1910년 3월 26일 안중근 순국

1396년 한양 4대문 명명

오늘, 정도전이 한양 도성의 4대문과 4소문의 이름을 붙입니다. 한양을 성벽으로 두르는 한양 도성을 축성할 때 각 방위에 대문과 소문을 설치했는데, 4대문에는 유교에서 중시하는 '인의예지'를 한 글자씩 따서 이름 붙였습니다. 동쪽에 흥인지문, 서쪽에 돈의문, 남쪽에 숭례문이라 짓고 북대문만 예외적으로 숙청문으로 지었지요. 숙청문은 이후 숙정문으로 변경됐습니다.

🔍 **연관 날짜** 1396년 1월 9일 한양 도성 축성

4월

8

1975년 석가탄신일 제정

오늘은 부처님 오신 날입니다. 불교는 한국의 반만년 역사에 늘 함께했지요. 삼국 시대에는 왕권 중심의 국가 체제를 이룩하는 데 도움을 주고, 일제강점기에는 민족 대표 33인에 불교계가 포함돼 구국 운동에도 힘을 보탰습니다. 1975년 석가모니가 태어난 음력 4월 8일 사월초파일을 법정공휴일로 제정했고 2018년부터는 부처님 오신 날로 공식 명칭을 바꾸어 부르고 있습니다.

🔍 연관 날짜 | 1949년 12월 25일 성탄절 제정

1886년 육영공원 개교

오늘, 최초의 근대식 공립학교인 육영공원이 개교합니다. 개항 이후 근대 문물이 들어오자 국내에도 근대식 교육기관의 필요성이 대두됐지요. 그래서 젊은 영재를 기르는 공립학교라는 뜻의 육영공원이 설립됩니다. 주로 명문가 자제들이 입학했고 미국에서 초빙한 3명의 외국인 교사가 영어, 세계사, 수학 등을 영어로 가르쳤습니다. 그러나 신분 제한과 어학 중심의 교육 등이 정부의 재정난과 겹쳐 8년 만에 폐교했지요.

🔍 **연관 날짜** 1883년 10월 20일 원산학사 정부 승인

4월

9

1975년 인혁당사건 사형 집행

오늘, 인혁당사건 관련자 8명에 대한 사형이 집행됩니다. 유신 정권은 이들이 북한의 지령을 받아 국가 변란을 계획했다며 사형을 선고했고, 불과 18시간 만에 사형을 집행했습니다. 항소는 전부 묵살된 대표적인 인권 침해 사건으로, 국제법학자협회는 이날을 사법사상 암흑의 날로 선언하기도 했습니다. 2007년 재심에서 무죄를 선고받아 누명은 벗었지만 그 억울함을 어찌 말로 표현할 수 있을까요?

🔍 연관 날짜	1959년 7월 31일 진보당사건

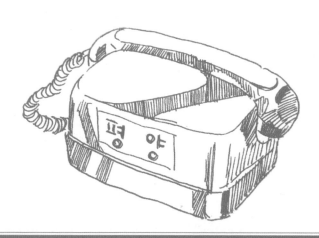

1971년 판문점 직통 전화 개설

오늘, 판문점에 남과 북을 잇는 직통 전화가 개설됩니다. 판문점 공동 경비 구역 내 남한의 자유의 집과 북한의 판문각에 각각 상설 연락 사무소가 설치됐고 두 연락 사무소를 잇는 2개 회선이 개통된 것이지요. 남북 사이의 대화를 위해 설치된 전화는 분단 이후 처음 있는 일이었습니다. 수화기 너머 꺼낸 첫 마디는 "하나, 둘, 셋. 잘 들립니까?"였다고 합니다.

🔍 **연관 날짜** 1972년 7월 4일 7·4남북공동성명 발표

1950년 백두산함 진해 입항

오늘, 우리나라 해군의 첫 전투함인 백두산함이 진해에 입항합니다. 해군 장병과 국민의 성금으로 첫 전투함을 구입한 지 두 달 만에 6·25전쟁이 발발하고 말았죠. 실전 경험이 전무했지만 백두산함은 나라의 위기 상황에 3개의 포를 장착하고 100개의 포탄을 지닌 채 출항했습니다. 교전 끝에 한 발의 포가 북한의 무장 함대에 명중하면서 국군은 부산항의 안전을 확보할 수 있었지요.

🔍 연관 날짜	1950년 6월 25일 6·25전쟁

668년 고구려 멸망

오늘, 고구려 평양성이 나당 연합군에 의해 함락됩니다. 삼국 중 가장 먼저 고대국가로 성장하고 동아시아 강대국으로 위상을 떨친 고구려가 역사의 마침표를 찍은 것이지요. 광개토태왕과 장수왕 때 최대 영토를 차지해 전성기를 구사했으나 수·당과 연이어 전쟁을 치르고 연개소문 사후 자식들 사이에 권력 다툼이 벌어지며 결국 멸망했지요. 그러나 고구려의 호방한 기상만큼은 발해와 고려로 계승되어 이어졌습니다.

| 🔍 연관 날짜 | 414년 9월 29일 광개토왕릉비 건립 |

1919년 대한민국 임시정부 수립

오늘, 상하이에서 대한민국 임시정부가 수립됩니다. 3·1운동 이후 독립운동을 이끌어갈 지도부의 필요성을 절감한 독립운동가들이 임시의정원을 구성하고 정부 수립 절차를 마련했습니다. 그리고 오늘 대한민국 임시정부를 수립했지요. '대한민국'이라는 국호도 이날 탄생했습니다. '대한제국'에서 '대한민국'으로 이름을 바꾸며 우리나라가 더 이상 황제의 나라가 아니라 국민의 나라임을 알렸지요.

🔍 **연관 날짜** | 1919년 9월 11일 통합 임시정부 수립

1929년 조선혁명당 조직

오늘, 독립운동 단체 국민부에서 조선혁명당 조직을 결정합니다. 만주를 주 무대로 한인 사회의 독립운동을 전개하던 조선혁명당은 민족주의와 사회주의 계열 간의 대립이 극심해 위축 및 해체됐다가 1937년 지청천을 중심으로 한 차례 재건됩니다. 이후 지청천은 김구와 함께 3당 통합을 추진했죠. 이로써 김구의 한국국민당, 지청천의 조선혁명당, 조소앙의 한국독립당이 통합해 세력을 규합했습니다.

🔍 **연관 날짜**   1941년 12월 10일 대일선전포고

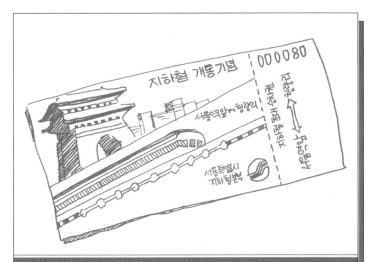

1971년 서울 지하철 착공

오늘, 서울 지하철 건설이 착공됩니다. 서울 도심의 교통난 해소와 인구 분산을 위해 서울역에서 청량리역을 잇는 서울 지하철 1호선이 건설에 착수했지요. 지하철은 이동 시간을 단축시키고 지역간 이동을 편리하게 해주어 현대인에게 없어서는 안 되는 든든한 발이 되어주고 있습니다.

| Q 연관 날짜 | 1899년 5월 17일 서울 전차 개통식 |

1393년 사역원 설치

오늘, 사역원을 설치해 중국어를 익히게 합니다. 사역원은 고려와 조선에 설치된 외국어 관련 관서로, 조선 시대에는 사대교린에 필요한 인재를 양성하기 위해 중국어, 여진어, 왜어 등을 교육하고 외국어의 통역과 번역 등을 수행했습니다. 사역원에 학생이 없어 교육이 단절될 위기에도 처했지만 외교정책상 필수적인 존재였기 때문에 역대 왕들이 꾸준히 역학을 장려해 사역원 교육은 계속 유지될 수 있었습니다.

🔍 **연관 날짜** | 1388년 5월 22일 태조 이성계 위화도 회군

1592년 임진왜란

오늘, 조선 최대의 전쟁 임진왜란이 일어납니다. 일본을 통일한 도요토미 히데요시는 내부의 불만을 잠재우고 대륙으로 진출하기 위해 조선을 침략했습니다. 전쟁 준비가 되어 있지 않았던 조선은 수세에 몰렸지요. 그러나 의병과 수군의 눈부신 활약과 명의 지원으로 반격에 성공했습니다. 이순신이 명량해전을 승리로 이끌고, 도요토미 히데요시가 사망해 일본군이 철수함에 따라 7년간의 전쟁이 막을 내렸지요.

🔍 연관 날짜	1598년 11월 19일 이순신 전사

9월
18

645년 안시성전투 승리

오늘, 고구려군이 안시성에서 당군을 섬멸합니다. 연개소문의 정변을 빌미로 고구려를 침입한 당 태종은 평양성으로 가는 길에 안시성을 함락하려 했습니다. 그러나 안시성주와 백성들이 결사 항전했지요. 대치가 길어지자 당군은 성 앞에 거대한 토산을 쌓아 성벽을 넘으려 했습니다. 그런데 토산이 갑자기 무너지고 말았지요. 고구려군은 기회를 놓치지 않고 토산을 점령해 총공격을 퍼부었고 당군을 물리치는 데 성공했습니다.

🔍 **연관 날짜**   612년 7월 24일 살수대첩

1900년 파리만국박람회 참여

오늘, 대한제국이 파리만국박람회에 참여합니다. 프랑스의 공식 초청을 받은 고종 황제는 박람회에서 대한제국의 권위와 위상을 알리기로 합니다. 파리에 경복궁 근정전을 축소한 대한제국관을 설치하고 고종의 어진, 도자기, 칠보공예, 가야금, 해금 등을 소개했지요. 세계 강국이 저마다 산업과 문화를 뽐냈던 가운데 놀랍게도 대한제국은 식물성 농업 식품 분야에서 대상을 거머쥐었답니다.

🔍 **연관 날짜** | 1897년 10월 12일 대한제국 선포

1988년 서울올림픽 개막

오늘, 한반도에서 첫 번째 올림픽이 열립니다. 역대 올림픽 개최국은 멕시코를 제외하고 모두 선진국이었는데, 개발도상국이었던 한국이 올림픽 개최권을 획득한 점이 뜻깊습니다. 동서 냉전 상황에서 분단국가 한국에서 열린 이 올림픽에는 160개국에 달하는 여러 나라가 참가해 세계 평화의 발판을 마련했지요. 서울올림픽 이후 우리나라는 이념 때문에 수교하지 않던 국가와 활발한 경제적 외교 활동을 펼치게 됐습니다.

| 🔍 연관 날짜 | 2018년 2월 9일 평창동계올림픽 개막 |

기원전 57년 박혁거세 즉위

오늘, 신라의 시조 박혁거세가 즉위합니다. 《삼국유사》에 따르면 경주 일대에 있던 여섯 촌의 촌장이 왕을 정하고 나라를 세우려 했는데 마땅한 인물이 없었다고 합니다. 이곳저곳 둘러보던 촌장들은 나정이라는 우물가에서 흰 말이 울고 있는 모습을 보았고, 그 자리에서 자줏빛 알을 발견했습니다. 그 알에서 태어난 사내아이가 바로 박혁거세입니다. 혁거세는 세상을 밝게 한다는 뜻으로 촌장들이 지어준 이름이지요.

🔍 **연관 날짜** | 647년 1월 8일 선덕여왕 사망

1758년 금주령 선포

오늘, 영조가 홍화문 앞에서 금주령을 선포합니다. 농업이 경제 기반이던 조선에서는 큰 가뭄으로 기근, 흉작이 거듭되면 종종 금주령이 내려졌습니다. 술의 주된 원료가 곡식이기 때문이었지요. 그중 영조는 조선에서 가장 오랫동안 금주령을 이어간 왕입니다. 극심한 식량 부족에 시달리는 백성을 위로하고 술에 취해 예법에 어긋나는 행동을 하는 백성을 교화하려는 영조의 도덕관이 깃든 정책이었지요.

🔍 **연관 날짜**   1756년 4월 24일 박문수 사망

REMEMBER

2014년 세월호 참사

오늘, 세월호 참사가 벌어집니다. 인천항에서 출발해 제주항으로 향하던 여객선 세월호가 진도 앞바다에서 침몰했습니다. 304명의 사망자와 미수습자가 발생한 대형 참사였지요. 여객선이 침몰하는 모습을 국민들이 지켜보았는데도 그들을 구해내지 못해 사회에 큰 충격을 주었지요. 안전 사회 구축에 대한 사회적 공감대를 불러일으킨 가슴 아픈 참사입니다.

🔍 **연관 날짜**   1995년 6월 29일 삼풍백화점 붕괴

9월
15

1950년 인천상륙작전

오늘, 6·25전쟁 중 빼앗긴 서울을 수복하기 위해 인천상륙작전이 시행됩니다. 성공 확률이 고작 5,000분의 1이었던 작전이었죠. 작전을 성공시키기 위해 인천, 군산, 삼척에서 북한군 교란을 목적으로 대대적인 포격이 이뤄졌습니다. 이 같은 상황에서 국군과 유엔군으로 구성된 7만여 명의 지상군 부대가 상륙에 성공했고, 국군은 38도선을 넘어 압록강까지 올라갔지요. 전쟁의 판도를 뒤바꾼 역사적인 작전이었습니다.

🔍 연관 날짜	1950년 12월 15일 흥남철수

1997년 전두환·노태우 형량 확정

오늘, 12·12사태와 5·18민주화운동 학살에 대한 책임을 물어 전두환·노태우 대통령의 형이 확정됩니다. 그들은 집권 기간 동안 뇌물을 받으며 막대한 부도 축적했죠. '역사바로세우기'를 국정 과제로 삼았던 김영삼 정부는 특별법 제정을 통해 전두환에게 무기징역을, 노태우에게 징역 17년을 확정했습니다. 판결 확정 8개월 만에 특별사면으로 풀려났으나 전직 대통령 예우는 박탈됐지요.

🔍 **연관 날짜** | 1980년 5월 18일 5·18민주화운동

1969년 제6차 개헌안 통과

오늘, 대통령 3선 연임을 허용하는 개헌안이 국회에서 통과됩니다. 당시 헌법에 따르면 대통령은 1차에 한해 중임이 가능해 이미 연임한 박정희 대통령은 더 이상 자격이 없었지요. 그러나 여당은 장기 집권을 위해 개헌을 추진합니다. 이 개헌으로 박정희 대통령의 장기 집권의 길이 마련됐습니다. 헌정 사상 여섯 번째 개헌으로 이때까지의 모든 개헌이 정권 장악 또는 연장을 위한 것이었다는 안타까운 공통점이 있지요.

🔍 **연관 날짜**   1954년 11월 29일 제2차 개헌안 통과

1868년 남연군묘 도굴사건

오늘, 흥선대원군의 아버지인 남연군의 묘를 도굴하려는 사건이 벌어집니다. 실권을 쥐고 있던 흥선대원군은 서구 열강과의 수교를 거절하는 정책을 펴고 있었어요. 그러자 독일 상인 오페르트는 협상의 유리한 지점을 차지하기 위해 남연군묘를 도굴하기로 하죠. 수교를 거부했다 하여 묘를 파헤칠 생각을 하다니, 얼마나 폭력적인가요. 이 사건 이후 흥선대원군의 통상수교거부정책은 더욱 견고해집니다.

🔍 연관 날짜	1871년 4월 23일 초지진전투 패배

1961년 창경궁 장서각 일반 공개

오늘, 창경궁 장서각이 개관과 함께 일반에 공개됩니다. 장서각은 조선 왕조의 황실 도서관으로 12만여 책과 고문헌 6만여 점을 보관, 관리했습니다. 우리가 잘 아는 허준의 《동의보감》도 이곳에 소장되어 있었고, 한국뿐만 아니라 중국, 일본의 기록도 함께 보관되어 있지요. 1981년에는 장서각에 있던 도서들을 전부 한국학중앙연구원으로 옮겨 학문 연구와 교육에 필요한 자료들을 손쉽게 열람하도록 하고 있습니다.

| 🔍 연관 날짜 | 1610년 8월 6일 허준 《동의보감》 완성 |

1960년 4·19혁명

오늘, 이승만의 독재와 3·15부정선거에 항거해 4·19혁명이 일어납니다. 이승만 정권의 3·15부정선거를 규탄한 마산의거에서 학생 김주열이 경찰이 쏜 최루탄에 맞아 마산 앞바다에 시신으로 떠올랐습니다. 학생들은 분노하며 4·19혁명을 일으켰죠. 6일 뒤, "학생들의 피에 보답하라"며 교수단으로, 일반 시민들에게로 번지자 이승만은 하야 후 미국으로 망명합니다. 독재 정권을 무너뜨린 민주주의 혁명이지요.

🔍 **연관 날짜** | 1979년 10월 16일 부마민주항쟁

1921년 김익상 의거

오늘, 의열단원 김익상이 조선총독부에 폭탄을 던집니다. 전기 수리공으로 변장해 폭탄을 숨기고 총독부에 잠입한 그는 비서실과 회계과에 폭탄을 던진 뒤 상처 하나 없이 건물 탈출에 성공합니다. 그의 의거는 일제 식민 지배의 심장인 조선총독부를 향했다는 점에서 국내외로 파문을 일으켰죠. 이후 다나카 암살 시도로 재판장에 선 김익상은 독립을 위해서 앞으로도 계속 일본 고위 관료를 암살할 것이라 담대히 말했습니다.

🔍 **연관 날짜**   1923년 1월 22일 김상옥 자결

1981년 장애인의 날 제정

오늘은 장애인의 날입니다. 조선 시대에 장애인은 그저 몸이 조금 불편한 사람일 뿐이었습니다. 태종은 명통시를 만들어 앞이 보이지 않는 사람들을 국가 행사에 적극 기용했고, 세종은 장애가 있는 백성에게 환곡을 우선 지급해 생계를 이어가도록 했지요. 현대에 이르러 우리나라는 1981년 유엔에서 장애인의 해를 선포하자, 그해 처음으로 장애인의 날을 기념합니다. 10년 뒤, 법정기념일로 지정했지요.

🔍 **연관 날짜** 1997년 7월 16일 동성동본 금혼 위헌 결정

1919년 통합 임시정부 수립

오늘, 여러 정부가 상하이 임시정부로 통합됩니다. 3·1운동 전후로 연해주에 대한국민의회, 상하이에 대한민국 임시정부, 국내에 한성정부가 세워졌습니다. 정부를 하나로 통합하려는 움직임이 전개됐고 이에 한성정부를 계승하고 대한국민의회를 흡수하는 형식으로 통합 정부인 상하이 대한민국 임시정부가 수립됩니다. 임시정부는 3권 분립에 기초한 민주공화제 정부로 우리 민족의 독립운동을 이끄는 구심점이 되었지요.

🔍 **연관 날짜** | 1919년 4월 11일 대한민국 임시정부 수립

1944년 주기철 사망

오늘, 평양 산정현교회 주기철 목사가 옥중 병사합니다. 1930년대 일제는 한국인에게 내선일체를 심기 위해 황국신민화정책을 펼치며 종교 단체에도 신사참배를 강요했죠. 거부한 교회는 문을 닫고 박해를 받는 압박 속에서 하나 둘 신사참배를 결의하고 말았죠. 그러나 주기철 목사는 신에 대한 신앙을 지키고자 끝까지 신사참배를 거부했던 인물 중 하나였습니다.

🔍 **연관 날짜** | 1938년 6월 18일 황국신민서사 제창 지시

1796년 수원화성 완공

오늘, 정조의 신도시 건설 계획의 핵심인 수원화성이 완공됩니다. 정조는 서울에서 벗어나 새로운 도시에서 새로운 정치적 구상을 펼치려 했습니다. 그래서 신도시 화성을 건설하고 어머니의 회갑연을 화성 행궁에서 열었지요. 본래 화성 축조는 10년으로 예정되어 있었으나 거중기 등 다양한 장비를 사용해 건설 기간을 2년 9개월로 단축시켰습니다. 축조 계획부터 제도, 의식 등을 기록해 《화성성역의궤》로 남겼지요.

🔍 **연관 날짜**　　1762년 5월 21일 사도세자 사망

22

1970년 새마을운동

오늘, 박정희 대통령이 전국 지방장관 회의에서 새마을가꾸기운동을 제창합니다. 박정희 정부는 도시와 농촌 간의 격차를 해소하고자 공공사업 및 주거 환경 개량 사업에 착수했습니다. 전국적으로 퍼진 운동에 농민들은 땅과 노동력을 조건 없이 내놓았지요. 그러나 과도한 경쟁의식을 부추긴 새마을운동은 두레나 품앗이 같은 공동체 의식을 해치면서 본래 취지와 다르게 변질되었습니다.

🔍 **연관 날짜**   1973년 7월 3일 포항제철 준공식

1031년 강감찬 사망

오늘, 귀주대첩을 승리로 이끈 고려의 명장 강감찬이 사망합니다. 거란이 강동 6주 반환을 요구하며 고려에 쳐들어오자 강감찬은 귀주에서 거란을 크게 무찔렀습니다. 거란의 10만 대군 중 겨우 수천 명만이 살아서 도망쳤지요. 그의 활약으로 거란은 더 이상 국왕 친조와 강동 6주 반환을 요구하지 않았고 고려와 평화적 국교를 맺었습니다. 고려의 국방을 튼튼히 하고 외교 관계에서 큰 공을 세운 인물이지요.

🔍 **연관 날짜** | 1107년 12월 4일 윤관 여진 정벌

1871년 초지진전투 패배

오늘, 신미양요의 시작을 알린 초지진전투에서 조선이 패배합니다. 미국은 1866년 벌어졌던 제너럴셔먼호사건에 책임을 물으며 강화도 초지진으로 상륙작전을 단행했지요. 이는 조선과 미국 간에 벌어진 최초의 전투였습니다. 초지진 수비대는 미 함대의 상륙을 저지하려 했지만 화력 열세로 진지의 대부분이 파괴되고 맙니다. 신미양요 이후 조선은 전국에 척화비를 건립해 통상수교거부 의지를 널리 알렸습니다.

Q **연관 날짜** | 1882년 4월 6일 조미수호통상조약 체결

1880년 김홍집 《조선책략》 헌사

오늘, 수신사 김홍집이 고종에게 《조선책략》을 바칩니다. 《조선책략》은 청의 외교관 황준헌이 쓴 책으로 조선이 러시아를 막으려면 미국과 친밀하게 지내야 한다는 내용을 담고 있었지요. 이 내용이 국내에 알려지자 영남의 유생들은 만인소를 올려 조선 개화에 반대 의견을 피력합니다. 《조선책략》은 이후 조선 정부가 개화 정책과 대미(對美) 수교를 추진하는 데 명분과 논리가 되었지요.

🔍 **연관 날짜**   1882년 4월 6일 조미수호통상조약 체결

1756년 박문수 사망

오늘, 조선의 어사 박문수가 사망합니다. 박문수가 조정에서 일할 당시 조선의 왕은 영조였어요. 둘은 백성을 생각하는 마음이 통했던 터라 힘을 합쳐 개혁을 실행했죠. 박문수는 굶어 죽어가는 백성을 위해 대신들의 녹읍을 줄이자고 주장하고, 양반의 신분임에도 직접 소금을 구워 파는 파격적인 행보를 보였지요. 이 때문에 그는 암행어사였던 적이 없지만 백성의 편에 서는 영웅 같은 암행어사로 널리 기억됐습니다.

Q 연관 날짜	1758년 9월 16일 금주령 선포

1462년 양녕대군 사망

오늘, 조선 태종의 맏아들 양녕대군이 사망합니다. 왕실의 정통성을 갖추고 싶었던 태종은 적장자 양녕대군을 즉위시키기 위해 최선을 다합니다. 공부에 흥미가 없는 아들을 붙잡아 공부시키고, 세자로서 용인될 수 없는 일탈을 해도 눈감아 주었지요. 하지만 양녕대군은 자꾸 엇나가기만 했습니다. 결국 태종은 왕세자를 폐하고, 셋째 아들 충녕대군에게 왕위를 물려주었습니다. 그가 바로 조선의 성군 세종입니다.

🔍 **연관 날짜**   1420년 3월 16일 경복궁 집현전 설치

1895년 유길준 《서유견문》 간행

오늘, 한국인이 쓴 첫 서양견문록 《서유견문》이 간행됩니다. 보빙사 일원으로 미국을 방문한 개화사상가 유길준은 2개월간의 일정을 마친 뒤 현지에 남아 유학했습니다. 이후 유럽 각국을 여행하고 돌아와 《서유견문》을 집필했지요. 이 책은 단순한 서구 기행문이 아니라, 서구의 근대 모습을 확인한 뒤 '우리의 근대를 어떻게 건설할 것인가'에 대한 답을 정치·경제·법률 등 각 분야별로 제시한 근대화 전략서였습니다.

🔍 **연관 날짜** 1882년 4월 6일 조미수호통상조약 체결

1945년 조선인민공화국 선포

오늘, 조선건국준비위원회가 조선인민공화국 건국을 선포합니다. 미군이 한반도에 들어온다는 소식이 들리자, 건준은 조선인민공화국을 선포하고 지방에 인민위원회를 구성했습니다. 하루라도 빨리 나라의 구색을 갖춰야 미국과의 협상 테이블에서 유리할 것으로 판단했기 때문입니다. 그러나 점령군 형태로 한반도에 들어온 미군은 미군정 이외의 어떠한 행정 조직도 인정하지 않았지요.

🔍 **연관 날짜**   1947년 7월 19일 여운형 사망

1645년 소현세자 사망

오늘, 인조의 맏아들 소현세자가 사망합니다. 병자호란 후 소현세자는
청에 볼모로 끌려가게 됩니다. 그곳에서 청과 조선의 관계 회복에 힘쓰
는 한편 무역과 농사를 통해 번 돈으로 조선인 포로를 속환했지요. 서양
문물에 관심이 많아 조선에 지구의 등을 들여오기도 했습니다. 그러나 9
년간의 볼모 생활 끝에 돌아온 소현세자를 기다린 것은 아버지 인조의
냉대였습니다. 귀국 후 소현세자는 갑작스레 죽음을 맞이했지요.

Q **연관 날짜**   1659년 5월 4일 효종 사망

1658년 김육 사망

오늘, 대동법 시행에 일생을 바친 김육이 사망합니다. 백성을 잘 다스리는 것이 자신의 임무라 생각한 김육은 백성들을 공납의 폐단에서 벗어나게 해줄 방법으로 대동법 확대 시행을 주장했습니다. 대동법은 폐단이 성행한 지역 특산물 대신에 쌀, 베, 돈으로 세금을 납부하게 한 조세제도지요. 김육은 세상을 떠나기 열흘 전에도 자신이 죽으면 대동법이 폐지될까 두렵다며 대동법의 확대 시행을 요청하는 상소를 올렸습니다.

🔍 **연관 날짜** | 1756년 4월 24일 박문수 사망

2018년 제3차 남북정상회담

오늘, 문재인 대통령과 김정은 국무위원장이 판문점에서 만납니다. 평양에서 열렸던 과거의 두 차례 정상회담과 달리 이번 판문점에서의 회담은 세계에 생중계되었지요. 회담 이후 발표한 판문점 선언에서는 한반도 통일과 번영을 위한 구체적 청사진을 제시했습니다. 얼어붙었던 남북 관계를 전면적이고 획기적으로 개선했던 시도였지요.

🔍 **연관 날짜**   2000년 6월 15일 6·15남북공동선언 발표

2001년 《직지》 유네스코 등재

오늘, 현존하는 세계에서 가장 오래된 금속 활자본 《직지》가 유네스코 세계기록유산에 등재됩니다. 《직지》는 1377년 간행된 구텐베르크 성서보다 78년이나 앞선 인쇄본입니다. 고려 말, 선불교에서 전해지는 여러 이야기를 모아 만든 책으로 조선 시대에 프랑스로 반출됐지요. 이후 프랑스국립도서관에서 일하던 박병선 박사가 《직지》의 흑백 사진을 가지고 귀국하면서 그 존재가 국내에도 알려졌습니다.

🔍 **연관 날짜**　　1985년 10월 14일 청주 흥덕사지 발견

4월

28

1273년 삼별초항쟁 종료

오늘, 고려 특수 부대였던 삼별초의 몽골 항쟁이 종료됩니다. 몽골과의 강화 이후 원종은 개경 환도를 결정하고 삼별초에 해산령을 내렸습니다. 무신정권의 군사 기반이었던 삼별초는 개경 환도에 반발하며 봉기를 일으켰죠. 그들은 강화도, 진도, 제주도로 근거지를 옮겨가며 3년간 항쟁을 이어갔습니다. 하지만 결국 여원 연합군에 의해 진압되고 말았습니다.

🔍 **연관 날짜**   1260년 3월 21일 원종 즉위

1991년 청해진 발굴

오늘, 장보고가 전남 완도에 설치한 해군·무역 기지 청해진의 발굴 조사가 시작됩니다. 신라 사람들이 해적에게 잡혀 노예로 팔리는 것을 목격한 장보고는 신라 흥덕왕을 찾아가 완도에 해적을 물리칠 기지인 청해진설치를 건의했습니다. 왕의 허락을 받은 뒤에 청해진을 거점으로 1만여명의 군대를 조직해 해적을 소탕했지요. 이후 청해진은 신라, 당, 일본을연결하는 해상무역의 거점으로 경제적 번영도 누렸습니다.

Q 연관 날짜	1598년 11월 19일 이순신 전사

報申日毎韓大
보 신 일 미 한 대

1908년 신문지법 개정

오늘, 일제가 신문지법을 개정합니다. 1907년 제정된 신문지법으로 영국 언론인 베델이 창간한 《대한매일신보》를 제외한 국내 모든 민간 신문은 통제의 대상이 되었습니다. 일제는 이에 만족하지 않고 신문지법을 개정해 단속 대상을 해외 교포나 외국인이 발행하는 신문으로도 확대합니다. 해외 민족 신문과 《대한매일신보》를 탄압하기 위한 개정이었지요.

🔍 **연관 날짜** | 1910년 8월 2일 《제국신문》 폐간

1506년 중종반정

오늘, 연산군을 폐위한 중종반정이 일어납니다. 연산군은 나랏일에 전혀 신경 쓰지 않고 술과 여자에 빠져 매일 잔치를 벌였습니다. 춤과 노래, 용모가 뛰어난 기생들을 뽑아 '흥청'이라 이름 붙였지요. 여기에서 흥청망청이라는 말이 나왔습니다. 결국 신하들은 중종반정을 일으켜 연산군을 폐위하고 연산군의 이복동생 중종을 왕위에 올렸습니다. 이로써 연산군은 조선 최초로 폐위된 왕이 되었지요.

Q **연관 날짜** | 1498년 7월 2일 무오사화

1592년 의주파천

오늘, 선조가 왜군을 피해 평안북도 의주로 피신합니다. 충주 탄금대에서 대패하자 임진왜란 발발 15일 만에 한양으로 오는 길목이 뚫리고 말았습니다. 이에 선조는 서둘러 광해군을 세자로 책봉해 분조를 맡기고 의주로 갔죠. 본래 임금의 교서는 한문으로 작성하는데 이 시기에 선조는 백성들의 의병 참여를 도모하기 위해 한글로 썼다고 합니다. 선조의 파천은 백성을 버린 것이었을까요, 왕조를 지키기 위함이었을까요?

🔍 **연관 날짜**   1592년 4월 13일 임진왜란

1923년 관동대지진

오늘, 진도 7.9의 지진이 일본 도쿄와 관동 일대를 강타합니다. 메이지 유신 이후 최대 재난을 맞닥뜨린 상황에서, '한국인이 우물에 독을 탄다', '한국인이 폭동을 일으켰다' 등 이상한 말이 일본 내에 퍼지기 시작했습니다. 이를 듣고 일본 군경과 자경단은 6,000여 명에 이르는 한국인을 학살했습니다. 일본 정부는 유언비어로 자행되는 한국인 학살을 묵인했으며 오히려 소문을 퍼트리는 데 동조했지요.

| Q **연관 날짜** | 1924년 1월 5일 김지섭 의거 |

5월

5월 1일 근로자의 날 지정

5월 2일 경성제국대학관제 공포

5월 3일 신흥무관학교 개교

5월 4일 효종 사망

5월 5일 어린이날 제정

5월 6일 남북협상 공동 성명 발표

5월 7일 진단학회 창립

5월 8일 어버이날 제정

5월 9일 제19대 대통령 선거

5월 10일 5·10총선거

5월 11일 동학농민혁명 기념일 제정

5월 12일 치안유지법 시행

5월 13일 흥사단 설립

5월 14일 조명하 의거

5월 15일 스승의 날 지정

5월 16일 5·16군사정변

5월 17일 서울 전차 개통식

5월 18일 5·18민주화운동

5월 19일 발명의 날 제정

5월 20일 중앙정보부 발족

5월 21일 사도세자 사망

5월 22일 태조 이성계 위화도 회군

5월 23일 기기국 설치

5월 24일 팔당댐수력발전소 준공식

5월 25일 경부선 개통식

5월 26일 삼정이정청 설치

5월 27일 근우회 창립총회 개최

5월 28일 제주교난

5월 29일 태조 왕건 사망

5월 30일 정도전《조선경국전》저술

5월 31일 이화학당 설립

9월

9월 1일 관동대지진

9월 2일 중종반정

9월 3일 청해진 발굴

9월 4일 《직지》 유네스코 등재

9월 5일 김육 사망

9월 6일 조선인민공화국 선포

9월 7일 양녕대군 사망

9월 8일 김홍집 《조선책략》 헌사

9월 9일 강감찬 사망

9월 10일 수원화성 완공

9월 11일 통합 임시정부 수립

9월 12일 김익상 의거

9월 13일 창경궁 장서각 일반 공개

9월 14일 제6차 개헌안 통과

9월 15일 인천상륙작전

9월 16일 금주령 선포

9월 17일 서울올림픽 개막

9월 18일 안시성전투 승리

9월 19일 사역원 설치

9월 20일 조선혁명당 조직

9월 21일 고구려 멸망

9월 22일 판문점 직통 전화 개설

9월 23일 육영공원 개교

9월 24일 한양 4대문 명명

9월 25일 창덕궁 규장각 설치

9월 26일 영선사 파견

9월 27일 창경궁 완공

9월 28일 유관순 순국

9월 29일 광개토왕릉비 건립

9월 30일 이봉창 사형 언도

1994년 근로자의 날 지정

오늘은 근로자의 날입니다. 1886년 5월 1일 8시간 노동을 쟁취한 미국 총파업을 기념해 세계 많은 나라가 오늘을 노동절로 지정하고 있죠. 우리나라에서는 1923년 조선노동총연맹이 '노동시간 단축, 임금 인상, 실업 방지'를 외치며 첫 행사를 개최했습니다. 광복 후에 대한노동조합총연맹 창립일인 3월 10일을 노동절로 정하고, 이후 '근로자의 날'로 개칭했다가 1994년부터 다시 5월 1일로 변경했습니다.

Q 연관 날짜	1929년 1월 13일 원산총파업

1979년 장기려 막사이사이상 수상

오늘, 장기려 박사가 동양의 노벨상 '막사이사이상'을 받습니다. 그는 우리나라 최초로 간암 덩어리 절제 수술에 성공한 유능한 의사이자 "인생에서의 승리는 사랑하는 자에게 있습니다"라고 말하는 가슴 따뜻한 의사였습니다. 영양실조에 걸린 가난한 환자의 처방전에 '닭 2마리 값을 내주시오'라고 쓰고 자신의 월급으로 닭값을 주었다는 일화가 유명하지요. 이러한 공로를 인정받아 막사이사이 사회봉사상을 수상했습니다.

| 🔍 연관 날짜 | 1971년 3월 11일 유일한 사망 |

1924년 경성제국대학관제 공포

오늘, 일제가 경성제국대학관제를 공포합니다. 독립운동가 이상재를 중심으로 일어난 민립대학설립운동이 거족적으로 번져나가자 이를 무마하기 위해 관립 대학을 세운 것이지요. 가장 먼저 세워진 학부는 식민지 개발에 이익이 된다고 판단한 법문학부와 의학부였습니다. 경성제국대학은 1946년 국립 서울대학교가 발족하면서 통합됩니다.

Q **연관 날짜** | 1923년 1월 20일 조선물산장려회 창립

1170년 무신정변

오늘, 문신과의 차별 대우에 분노한 무신들이 정변을 일으킵니다. 고려에서는 무신이 문신보다 낮은 신분으로 취급됐는데, 문벌이 권력을 독점할수록 그 차별은 더욱 심해졌습니다. 군인전을 제대로 지급받지 못한 하급 군인이 허다하자, 무신들의 분노는 폭발하고 맙니다. 의종의 보현원 행차를 틈타 무신들은 문신들을 닥치는 대로 제거했고, 의종마저 쫓아냈죠. 허수아비 왕을 앉힌 뒤 무신들은 권력을 장악했습니다.

🔍 **연관 날짜**   1126년 2월 25일 이자겸의 난

1919년 신흥무관학교 개교

오늘, 독립군 양성 학교인 신흥무관학교가 개교합니다. 경술국치 이후 항일무장투쟁을 공식 노선으로 채택한 신민회는 독립군 지도자 양성을 위해 만주에 신흥강습소를 세웁니다. 3·1운동 이후 수많은 청년들이 강습소에 찾아오자 본부를 옮기고 신흥무관학교로 명칭을 바꿨지요. 일제의 압력으로 폐교할 때까지 2,100여 명의 독립군을 배출했으며 졸업생들은 청산리대첩을 비롯해 독립 전선의 주역으로 활동했습니다.

🔍 연관 날짜	1867년 3월 17일 이회영 출생

1910년 경술국치

오늘, 일제에 국권을 강탈당합니다. 경술년에 국권을 상실한 치욕의 날이라 경술국치라고도 부르죠. 이완용과 데라우치는 8월 22일 어전회의를 통해 한일병합조약을 조인했고 29일에 이를 반포합니다. 일제는 침략성을 약화시키기 위해 '병합'이라는 말을 사용했지만, 사실은 강압으로 이행된 '병탄'이었지요. 국권을 수호하려는 우리 민족의 노력에도 불구하고 결국 일제가 우리나라를 강점했던 가슴 아픈 날입니다.

🔍 **연관 날짜** | 1912년 3월 18일 조선태형령 공포

1659년 효종 사망

오늘, 조선 제17대 왕 효종이 사망합니다. 병자호란 이후 함께 청에 볼모로 잡혀갔던 형 소현세자가 귀국 후 죽자, 인조의 둘째 아들인 봉림대군이 효종으로 즉위했습니다. 청에 있는 동안 조선이 사대하던 명이 멸망하는 것을 목격한 효종은 즉위 후 청에 대한 원한으로 강력한 북벌론을 펼칩니다. 이면에는 병자호란 이후 약해진 왕권을 강화하려는 의지도 담겨 있었죠.

| Q 연관 날짜 | 1674년 2월 27일 갑인예송 |

8월
—
28

1970년 히피성 청소년 단속

오늘, 서울시경이 히피성 청년 단속에 나섭니다. 박정희 정부는 미풍양
속을 보호하고 퇴폐 풍조를 개선한다는 명목으로 히피 문화를 단속했습
니다. 머리가 귀를 덮는 정도의 더벅머리를 중점적으로 단속했는데 이
때문에 불심검문이 이뤄지면서 시민들의 인권을 침해하고 자유를 억압
했지요. 10월 유신 이후엔 장발과 미니스커트를 단속하는 '개정 경범죄
처벌법'이 발효해 장발을 단속할 법적 근거도 마련했습니다.

🔍 **연관 날짜** 1975년 6월 19일 유신 정권 금지곡 선정

1961년 어린이날 제정

오늘은 어린이날입니다. 1923년 방정환을 주축으로 한 색동회는 5월 1일을 어린이날로 정하고 첫 기념행사를 열었습니다. 이들은 아동 인권이 당연하지 않던 시대에 '어린이'라는 단어를 만들고 어린이들이 올바르게 자랄 수 있도록 대우해야 한다고 주창했지요. 광복 이후 5월 5일에 행사를 개최하다가 1961년에 이날을 '어린이날'로 정했죠. 이 땅의 모든 어린이들이 행복하길 바랐던 그들의 염원이 이뤄지길 바랍니다.

🔍 **연관 날짜** | 1906년 6월 17일 《만세보》 창간

1908년 신채호 〈독사신론〉 연재

오늘, 독립운동가 신채호가 최초의 한국 고대사 역사서 〈독사신론〉의 연재를 《대한매일신보》에서 시작합니다. 민족주의 사관에 입각해 서술한 〈독사신론〉은 총 50회 발표되었고, 단군부터 민족의 역사적 정통성을 가진다는 시선을 담고 있지요. 특히 이 논설은 국권피탈 이전에 쓰여, 민족주의 사학이 일제강점기 식민사학에 대항한 것이 아닌 애국계몽운동의 일환으로 등장했다는 의의를 가집니다.

🔍 **연관 날짜** │ 1934년 5월 7일 진단학회 창립

1948년 남북협상 공동 성명 발표

오늘, 서울에서 김규식과 김구가 남북협상 공동 성명을 발표합니다. 좌우 대립을 넘어 하나된 한반도를 꿈꿨던 김구는 38선을 넘어 남북 지도자 회의인 남북협상에 참석했습니다. 이 자리에서 단독 정부 수립에 반대하며 남북통일정부 수립 방안을 작성했지만 미국과 소련은 이를 받아들이지 않았습니다. 결국 남과 북에서 각자 단독 정부를 수립하는 절차가 진행되며 남북협상은 실패로 돌아갔습니다.

Q **연관 날짜** 1948년 5월 10일 5·10총선거

1398년 제1차 왕자의 난

오늘, 이방원이 왕위 계승에 불만을 가지고 제1차 왕자의 난을 일으킵니다. 태조 이성계의 다섯 번째 아들인 이방원은 조선 개국에 많은 기여를 했지만 개국 공신도, 세자 책봉도 받지 못했지요. 여기에 정도전이 사병 혁파를 주장하면서 군제 개혁을 추진하자 남은 힘마저 잃을 수 없던 이방원은 정도전과 이복동생 세자 방석 등을 제거하고 권력을 장악했습니다.

🔍 **연관 날짜**   2005년 8월 23일 청계천 광통교 복원

1934년 진단학회 창립

오늘, 한국과 그 주변국의 역사 문화를 연구하기 위한 학술 단체인 진단학회가 창립됩니다. 이들은 과학으로서의 역사학을 내세워, 비판적인 관점으로 사료를 분석하는 실증주의 사학을 주장했습니다. 진단학회에서 발간한 《진단학보》는 국문으로 작성된 최초의 학술지였지요. 그러나 1942년 벌어진 조선어학회사건에 진단학회 회원들이 연루되면서 강제로 활동이 중단되었습니다.

🔍 **연관 날짜** | 1908년 8월 27일 신채호 〈독사신론〉 연재

1936년 손기정 일장기말소사건

오늘, 《동아일보》가 손기정 선수의 유니폼에 그려진 일장기를 지웁니다. 베를린올림픽 마라톤에서 손기정이 우승하자, 《조선중앙일보》와 《동아일보》는 월계관을 쓴 손기정의 사진을 입수해 일장기를 지우고 보도했지요. 이땐 문제가 되지 않았으나 《동아일보》가 다시 한번 일장기를 지운 사진을 싣자, 일본 관헌이 이를 발견하고 문제 삼았지요. 결국 《동아일보》는 무기정간 처분을, 《조선중앙일보》는 자진 휴간을 합니다.

🔍 **연관 날짜**   1905년 11월 20일 〈시일야방성대곡〉 발표

1973년 어버이날 제정

오늘은 어버이날입니다. 어버이날은 1956년 5월 8일, 어머니날을 기념하던 데에서 시작했답니다. 카네이션을 드리며 어머니의 사랑을 기념하던 것을, 아버지의 날 역시 기념해야 하지 않겠냐는 의견이 거론되면서 어버이날로 변경된 것이랍니다. 집에 들어가는 길에 카네이션 두 송이를 준비해보는 건 어떨까요?

Q **연관 날짜** | 1965년 5월 15일 스승의 날 지정

1618년 허균 사망

오늘, 〈홍길동전〉을 썼다고 알려진 허균이 처형됩니다. 조선 문인 허균은 문장가의 집안에서 태어나 누나 허난설헌 등과 함께 문장가로 이름을 알렸습니다. 비판적 개혁 사상가로서 사회 모순을 비판한 소설들을 지었지요. 특히 〈홍길동전〉은 함께 어울리던 이들이 서얼이라는 이유로 소외되는 것을 보고 신분제의 불평등을 고발하기 위해 썼다고 전해지죠. 이후 역모에 연루된 허균은 역적으로 몰려 죽음을 맞이하고 맙니다.

🔍 **연관 날짜**   1610년 8월 6일 허준 《동의보감》 완성

2017년 제19대 대통령 선거

오늘, 헌정 사상 초유의 대통령 탄핵으로 제19대 대통령 선거가 실시됩니다. 박근혜 정부의 국정농단 의혹이 불거지자 시민들은 촛불을 들고 광화문 광장으로 나왔습니다. 그리고 2017년 3월 10일 헌법재판소가 박근혜 대통령의 파면을 결정했죠. 이 때문에 예정보다 7개월 앞당겨 선거가 실시됐습니다. 1987년 이후 대선은 늘 12월에 열렸으나 이번에는 장미가 피어나는 5월에 치러져 '장미 대선'이라고도 불렸지요

🔍 **연관 날짜** | 1987년 10월 27일 직선제 국민투표 실시

2005년 청계천 광통교 복원

오늘, 청계천 복원 사업의 일환으로 광통교가 복원됩니다. 광통교는 조선 시대에 행운과 건강을 비는 다리밟기를 하던 곳으로 한양 도성 내에서 가장 큰 다리였지요. 하지만 흙으로 만든 터라 자주 무너졌기에 조선 태종이 돌다리로 개축할 것을 명합니다. 이에 필요한 돌들은 태종과 왕위 계승을 두고 갈등을 벌였던 계모 신덕왕후 묘의 장식돌들로 충당했지요.

🔍 **연관 날짜**   1398년 8월 26일 제1차 왕자의 난

1948년 5·10총선거

오늘, 5·10총선거가 실시됩니다. 광복 이후, 통일 정부 수립을 위해 미소 공동위원회가 설치됐지만 이는 미국과 소련의 극명한 견해 차이로 결렬되고 맙니다. 결국 유엔의 감시 하에 선거가 가능한 지역에서만 총선거를 실시하기로 하죠. 비록 남한에서만 치러진 선거지만 대한민국 최초로 보통, 평등, 직접, 비밀 선거의 원칙이 지켜진 선거였다는 의의를 가지고 있습니다.

🔍 **연관 날짜** | 1948년 4월 3일 제주4·3사건

1933년 남자현 순국

오늘, 만주에서 활약한 독립운동가 남자현이 순국합니다. 여러 차례 일본 주요 인사를 직접 암살하려는 무장투쟁을 전개한 그는 3번이나 손가락을 끊었습니다. 나라가 식민지가 됐다는 사실을 잊지 않기 위해, 한국인끼리 싸우면 안 된다는 뜻을 전하기 위해, 마지막으로 국제연맹 조사단에게 '한국독립원(願)'이라는 혈서를 쓰기 위함이었죠. "독립은 정신으로 이루어지느니라"라는 그의 말이 더 큰 울림으로 다가옵니다.

🔍 **연관 날짜** | 1910년 3월 15일 오광심 출생

5월

11

2019년 동학농민혁명 기념일 제정

오늘은 동학농민혁명 기념일입니다. 1894년 음력 4월 7일 동학농민군이 승리를 거머쥐었던 황토현전투 전승일을 양력으로 환산해 지정했지요. 반봉건·반외세를 외치며 봉기한 농민들은 신분제 폐지, 과부 재가 허용처럼 그들의 삶에 필요한 실질적인 개혁을 요구했습니다. 조정 관료들이 중심이 된 갑신정변과 비교해 '아래로부터의 개혁'으로 평가되는 이유지요. 이후 이들의 요구는 갑오개혁에 반영됐습니다.

🔍 **연관 날짜** | 1894년 6월 28일 제1차 갑오개혁 실시

8월
21

1937년 고려인 강제 이주 결정

오늘, 소련이 연해주에 거주하던 17만여 명의 고려인을 중앙아시아로 강제 이주시킬 것을 결정합니다. 고려인은 러시아어를 모국어로 사용하는 한민족 동포입니다. 중일전쟁이 벌어지자, 스탈린은 일본이 곧 소련과도 전쟁을 일으키고 고려인을 소련 내 첩자로 활용할 것이라 생각했지요. 그래서 강제 이주를 결정했습니다. 고려인들은 의지와 상관없이 삶의 터전을 떠나야만 했습니다. 힘없는 민족이 당해야 했던 설움이었죠.

🔍 연관 날짜	1923년 9월 1일 관동대지진

1925년 치안유지법 시행

오늘, 일제가 사회주의 사상과 운동을 통제하기 위해 치안유지법을 시행합니다. 1923년 관동대지진 이후 일본 사회의 혼란을 수습하기 위해 제정된 치안유지법은 일본뿐만 아니라 한반도 내에도 동일하게 적용되었습니다. 그리고 식민 지배에 저항하는 독립운동가들을 탄압하는 도구로 적극 활용됐지요. 일본이 패망할 때까지 유지되다 1945년 10월 15일 폐지됐습니다.

🔍 **연관 날짜** 1923년 9월 1일 관동대지진

1895년 을미사변

오늘, 일본 수비대가 조선의 왕비 명성황후를 시해합니다. 청일전쟁에서 승리한 일본은 조선에 더 적극적으로 개입하려 했습니다. 명성황후 세력은 이 상황을 타개하기 위해 러시아를 끌어들여 일본을 견제하려 했죠. 그러자 일본은 자신들의 계획에 방해가 된다는 이유로 경복궁에 침입해 명성황후를 무참히 살해했습니다. 이후 신변에 위협을 느낀 고종은 아관파천을 단행합니다.

🔍 **연관 날짜** | 1896년 2월 11일 아관파천

1913년 흥사단 설립

오늘, 독립운동가 안창호가 미국 샌프란시스코에서 민족운동 단체인 흥사단을 설립합니다. 안창호와 8도 대표의 합의로 창립된 흥사단은 민족 통일과 민주주의 발전을 목적으로 했습니다. 일제강점기에는 교육을 통한 인재 양성, 임시정부의 자금 조달을 지원하고 광복 이후엔 국민 계몽 단체로서 민중의 자유 및 민주 사상 고취에 힘썼죠.

🔍 **연관 날짜**   1907년 12월 24일 오산학교 설립

8월
19

1919년 조선총독부 관제 개편

오늘, 조선총독부가 식민 지배 통치 방식에 변화를 주기 위해 관제를 개 정합니다. 3·1운동으로 헌병을 앞세워 총칼로 억누르는 무단통치의 한 계를 체감한 일제는 헌병 경찰제 폐지, 태형제도 폐지, 언론·출판의 자유 일부 허용 등의 이른바 '문화통치'로 전환합니다. 그러나 표면적인 유화 정책 아래 일제의 탄압은 더욱 교묘하고 집요해졌고, 우리 민족을 분열 시키는 데 열을 올렸습니다.

🔍 **연관 날짜** | 1919년 3월 1일 3·1운동

1928년 조명하 의거

오늘, 독립운동가 조명하가 대만에서 일본 육군 대장을 급습합니다. 대만을 거쳐 상하이 대한민국 임시정부로 갈 예정이었던 조명하는 대만에 머물던 중 일왕의 장인이자 육군 대장 구니노미야 구니히코가 대만에 파견된 사실을 알게 됐습니다. 그는 구니노미야를 태운 차량이 지나가기를 기다렸다가 급습해 독검으로 찔렀지요. 그 자리에서 체포된 조명하는 3개월 만에 처형당했고, 구니노미야는 6개월 후 사망했습니다.

🔍 **연관 날짜** | 1924년 1월 5일 김지섭 의거

8월
18

1976년 판문점 도끼만행사건

오늘, 판문점 공동경비구역을 남과 북으로 나뉘게 한 판문점 도끼만행사건이 일어납니다. 이날 국군과 미군은 판문점 공동경비구역에서 시야를 가리는 미루나무의 가지·제거 작업을 하고 있었습니다. 북한군이 작업 중지를 요구했으나 우리 측은 정기적인 전지 작업이라며 거부했지요. 별안간 북한군이 작업 중이던 인력을 공격해, 11명의 사상자가 발생했습니다. 이 사건으로 한반도는 전쟁 위기에 직면했습니다.

🔍 연관 날짜	2010년 11월 23일 북한 연평도 포격

1965년 스승의 날 지정

오늘은 스승의 날입니다. 스승의 날이 처음 지정됐을 때는 5월 26일이었는데, 1965년부터 민족의 스승인 세종을 기리는 의미를 담아 세종의 출생일로 날짜를 바꿨습니다. 그렇게 5월 15일이 스승의 날로 지정되었습니다. 한 차례 폐지되었다가 1982년에 부활해 오늘에 이렀지요. 스승의 날을 기념해 존경하는 선생님께 안부 문자를 드리면 어떨까요?

🔍 **연관 날짜** | 1426년 2월 26일 금화도감 설치

8월
17

1975년 장준하 사망

오늘, 독립운동가이자 민주화 운동가인 장준하가 사망합니다. 한국광복군으로 활동하던 장준하는 광복이 되자 대한민국 임시정부 주석 김구의 비서로 김구와 함께 조국에 돌아왔습니다. 이후 잡지 《사상계》를 간행하며 민주화 운동을 활발하게 펼쳤지요. 이 과정에서 여러 차례 투옥됐으나 옥중에서 제7대 국회의원으로 당선되기도 했습니다. 유신 체제 반대 운동을 주도하던 중 1975년 의문의 등산 사고로 사망했습니다.

🔍 **연관 날짜** | 1975년 4월 9일 인혁당사건 사형 집행

1961년 5·16군사정변

오늘, 육군 소장이었던 박정희가 육군사관학교 출신 군인들과 함께 정변을 일으킵니다. 서울 주요 기관을 점거하며 장면 내각을 집권 9개월 만에 물리력으로 무너뜨렸죠. 정권을 장악한 박정희 정부는 이후 정권 연장을 위한 3선 개헌, 대통령직 영구 집권을 위한 유신 헌법을 선포하며 장기 독재체제를 마련했습니다. 18년간 지속된 박정희 정부 시절 동안 대한민국의 민주주의는 시련을 겪었지요.

| 🔍 연관 날짜 | 1961년 5월 20일 중앙정보부 발족 |

8월
16

1945년 서대문형무소 석방

오늘, 서대문형무소에서 일제에 저항하다 투옥된 정치범과 경제범이 석방되었습니다. 광복을 맞았지만 그 소식이 제대로 전해지지 않아, 해방의 날에 한반도는 놀랍게도 조용했습니다. 다음 날, 여운형의 요구에 따라 조선총독부가 독립운동가와 억울하게 갇혀 있던 사람들을 풀어주자 드디어 만세 함성이 터져나왔지요. 이날 전국 방방곡곡에서 만세 행렬이 이어졌습니다. 비로소 광복을 만끽하던 순간이었습니다.

🔍 **연관 날짜**   1945년 8월 15일 광복

5월
17

1899년 서울 전차 개통식

오늘, 서대문과 청량리를 잇는 서울 전차 개통식이 열립니다. 서울에 우리나라 최초의 대중교통수단이 탄생한 것이죠. 처음 보는 근대 문물에 양반들이 신발을 벗고 전차에 탑승하기도 하고, 전차에 아이가 치여 사망하는 사고가 발생해 고종 황제가 직접 유감을 표명하기도 했습니다. 많은 사람의 발이 되어주었던 전차는 광복 이후 버스가 주요 교통수단으로 자리 잡으며 1968년 추억 속으로 사라졌습니다.

| 🔍 연관 날짜 | 1971년 4월 12일 서울 지하철 착공 |

1945년 광복

오늘은 우리 민족이 빛을 되찾은 날, 광복절입니다. 35년간의 일제 강점에 마침표를 찍은 이날은 그냥 오지 않았습니다. 어두웠던 일제강점기 내내 청춘과 재산, 그리고 목숨을 바치면서 싸우고 또 싸운 사람들이 있었기에 맞이할 수 있었지요. 자신의 뒤에 오는 사람들은 식민지의 백성으로 살게 하지 않으려 했던 수많은 노력을 잊으면 안 되겠습니다. 빛을 되찾아 주셔서 감사합니다.

🔍 **연관 날짜**   1945년 8월 16일 서대문형무소 석방

1980년 5·18민주화운동

오늘, 5·18민주화운동이 일어납니다. 신군부의 정권 장악과 계엄령 확대에 저항해 광주에서 신군부 퇴진과 계엄 철폐를 요구하는 시위가 발생했습니다. 계엄군은 무력으로 진압하려 했고, 시민들을 향해 발포도 행했지요. 시민군이 조직돼 이에 맞서자 계엄군은 탱크와 헬기까지 동원해 무자비하게 진압했습니다. 이 과정에서 수많은 희생자가 발생했지요. 그러나 5·18민주화운동은 이후 민주화 운동의 원동력으로 남았습니다.

🔍 **연관 날짜** | 1987년 1월 14일 박종철 사망

2017년 기림의 날 지정

오늘은 세계 일본군 '위안부' 피해자 기림의 날입니다. 1991년 故김학순 할머니가 일제의 전쟁 범죄를 국내외에 알리기 위해 처음으로 공개 증언한 이날을 국가 기념일로 지정했죠. "우리가 강요에 못 이겨 했던 그 일을 역사에 남겨두어야 한다"는 할머니의 말이 마음에 남습니다. 세상 밖으로 나와 인권을 위해 활약한 할머니들을 향한 지속적인 관심과 노력이 필요합니다.

🔍 **연관 날짜** | 2000년 11월 30일 위안소 국제법 위반 판결

1957년 발명의 날 제정

오늘은 발명의 날입니다. 측우기를 고안했던 1441년 음력 4월 29일을 양력으로 환산해 발명의 날로 기념하고 있지요. 조선은 농업 기반의 나라였기 때문에 강우량은 매우 중요한 지표였습니다. 평평한 대 위에 세운 물통 모양의 철기에 빗물을 받아 강수량을 측정한다는 문종의 발상이 힌트가 되어 혁신적인 발명품이 탄생할 수 있었지요. 이후 측우기는 강수량을 기록하고 이를 농업에 활용할 수 있도록 도와주었습니다.

🔍 연관 날짜	1430년 2월 14일 《농사직설》 배포

1935년 심훈 〈상록수〉 당선

오늘, 동아일보사의 '창간15주년기념 장편소설 특별공모'에 심훈의 〈상록수〉가 당선됩니다. 〈상록수〉는 《동아일보》가 전개한 문맹퇴치운동인 브나로드운동을 배경으로 두 남녀의 사랑과 저항 의식을 다룬 소설입니다. 당시 학생들은 일제의 식민 통치에 저항하기 위해 방학 때 고향에 내려가 계몽운동을 벌이거나 농촌에 야학을 설립해 글을 가르쳤습니다. 계몽을 통해 민족의식을 고취하려던 청년들의 뜨거운 노력이었지요.

🔍 **연관 날짜** | 1936년 8월 25일 손기정 일장기말소사건

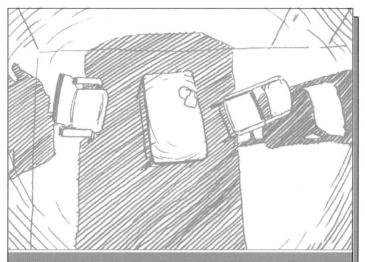

1961년 중앙정보부 발족

오늘, 5·16군사정변 주도자들의 최고 의결기관인 중앙정보부가 발족합니다. 중앙정보부는 시민의 일거수일투족을 감시하며 기본권을 억압하는 대표적인 기관으로 영화에서도 자주 그려내고 있죠. 간첩 조작은 물론 독재에 항거하는 학생, 언론인을 잡아다 고문했던 남산의 중앙정보부 지하실은 '나는 새도 떨어뜨린다'는 말이 있을 정도로 무소불위의 권력을 지닌 장소로 유명했습니다.

🔍 **연관 날짜**   1969년 9월 14일 제6차 개헌안 통과

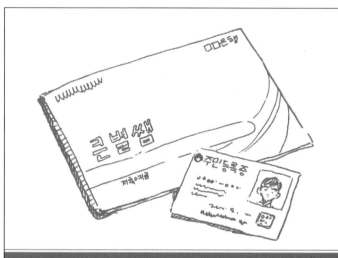

1993년 금융실명제 실시

오늘, 우리나라의 모든 금융거래를 거래 당사자 본인의 이름으로 하도록 하는 금융실명제가 시행됩니다. 우리 경제는 약 30년 동안 눈부신 성장을 이룩했지만 가명, 비실명 거래로 부정한 자금이 조성되는 등 각종 부정부패와 비리도 끊이지 않았지요. 이에 김영삼 정부는 금융거래의 투명성을 높이고 여러 음성 거래를 근절하기 위해 금융실명제를 시행했습니다.

🔍 **연관 날짜**   1997년 4월 17일 전두환·노태우 형량 확정

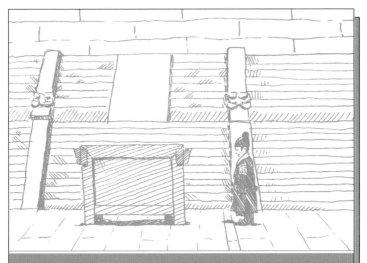

1762년 사도세자 사망

오늘, 영조의 명으로 뒤주에 들어간 사도세자가 죽음을 맞이합니다. 사도세자가 공부를 게을리할 뿐만 아니라 비행을 일삼고, 살인까지 저지르자 영조는 결단을 내렸습니다. 아버지이기 전에 한 나라의 왕으로서 나라를 위해 내린 선택이었지요. 영조의 뒤를 이어 왕위에 오른 정조는 즉위 직후 "과인은 사도세자의 아들이다"라고 말하며 아버지의 명예 회복을 위해 수원화성을 짓고 그곳으로 묘를 옮겼습니다.

🔍 **연관 날짜**   1793년 1월 12일 장용영 확대 설치

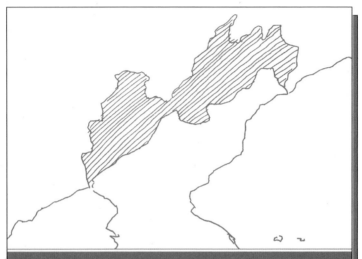

1903년 이범윤 간도 파견

오늘, 이범윤이 간도관리사로 임명돼 파견됩니다. 우리나라와 중국 경계에 있는 간도로 인해 수백 년간 분쟁이 끊이지 않자, 두 나라는 1711년 국경을 논의하고 백두산정계비를 세웠습니다. 조선 후기에 시작된 농민 이주로 다시 문제가 발생하자 정부가 간도 주민을 보호하기 위해 관리사를 파견했지요. 이후 영유권을 협의하지 못한 채 일제에 외교권을 박탈당했고, 청과 일본의 간도협약으로 간도는 중국에 귀속됩니다.

🔍 **연관 날짜**   1419년 6월 20일 이종무 대마도 정벌

1388년 태조 이성계 위화도 회군

오늘, 요동을 정벌하러 떠났던 이성계가 위화도에서 회군합니다. 명이 쌍성총관부 지역에 철령위를 설치하겠다고 하자, 고려 우왕과 최영은 요동 정벌을 결정했습니다. 이성계는 사불가론을 내세워 이를 반대했지만 정벌은 강행됐죠. 결국 왕명에 따라 출병한 이성계는 위화도에서 결국 군사를 돌려 개경으로 돌아옵니다. 그리고 우왕과 최영을 몰아내고 권력을 장악하게 되었지요.

🔍 **연관 날짜** | 1394년 5월 30일 정도전 《조선경국전》 저술

8월
10

1971년 광주대단지사건

오늘, 경기도 광주에서 최초의 대규모 도시 빈민 투쟁이 일어납니다. 1960년대 도시로 몰려든 노동자들은 서울에 '달동네'라 불리는 무허가 판자촌을 형성하며 살았습니다. 정부가 환경 미화를 목적으로 달동네를 철거하면서 주민들을 지금의 성남시인 경기도 광주로 집단 이주시켰지요. 그러나 15만 명이 운집한 이곳에는 생활 기반 시설이 전무했습니다. 결국 주민들은 생활권 확보를 위해 궐기를 일으켰습니다.

| 🔍 연관 날짜 | 1970년 11월 13일 전태일 분신 |

1883년 기기국 설치

오늘, 근대식 무기를 제조하기 위해 기기국 설치를 명합니다. 개항기 조선이 끊임없는 열강의 침략에 시달리자 고종은 국방력 강화를 위해 영선사와 수신사를 파견해 외국의 무기 제조창을 시찰하게 합니다. 기기국 번사창은 무기고이자 화약을 제조하기 위해 설치한 건물로 청의 영향을 받아 이색적인 양식을 갖추었죠. 서울 삼청동에 가면 지금도 만나볼 수 있습니다.

🔍 **연관 날짜**   1881년 9월 26일 영선사 파견

1985년 《대동여지도》 보물 지정

오늘, 조선의 지리학자 김정호의 《대동여지도》가 보물로 지정됩니다. 조선 후기에 상업이 발달하자 물자와 인적 교류가 활발해졌고 지도가 많이 만들어지기 시작했습니다. 김정호는 한반도를 22개 목판으로 나누어 각각의 부분도를 병풍처럼 접어 책으로 엮었습니다. 각 첩은 접을 수 있어 휴대에 용이했고, 22첩을 모두 연결하면 가로 약 4미터, 세로 약 6.6미터에 이르는 초대형 조선 전도가 완성된다고 합니다.

🔍 **연관 날짜** 1791년 1월 25일 신해통공 실시

1974년 팔당댐수력발전소 준공식

오늘, 서울과 인근 지역에 수력전기와 생활용수를 공급하는 팔당수력발
전소 준공식이 열립니다. 남한강과 북한강의 합류점에 경기도 하남시와
남양주시를 잇는 댐을 만들어 홍수가 났을 때 범람을 조절할 수 있도록
만들었죠. 팔당댐은 수위 조절뿐만 아니라 수도권 용수 공급원 확보에도
그 역할을 톡톡히 해내고 있습니다.

🔍 **연관 날짜** | 1973년 7월 3일 포항제철 준공식

1991년 남북 동시 유엔 가입 결의

오늘, 유엔안전보장이사회가 남·북한 유엔 가입 결의안을 만장일치로 채택합니다. 노태우 정부는 냉전 체제가 해소됨에 따라 북한과 관계 개선을 시도했습니다. 그 일환으로 서로가 한반도의 유일한 합법 정부라고 주장하는 남북 간의 적대적 대립 관계를 완화하고자 동시 유엔 가입을 추진합니다. 마침내 9월 17일, 가입 결의안이 통과되면서 남·북한은 함께 유엔 회원국이 되었습니다.

Q **연관 날짜**   1991년 12월 13일 남북기본합의서 체결

1905년 경부선 개통식

오늘, 경성 남대문 정거장에서 서울과 부산을 잇는 경부선 개통식이 열립니다. 개통식에 참석한 주한미국공사 알렌은 "파리에서 기차를 타고 남대문역에 내리길 기대한다"라고 소감을 밝혔지요. 이날 오전 9시에 출발한 열차는 11시간 15분을 달려 오후 8시 15분에 부산 초량역에 도착했습니다. 경부선은 경인선에 이은 두 번째 철도 개통이었는데, 일제는 이후 경의선, 호남선, 충북선 등을 차례로 건설했습니다.

🔍 **연관 날짜** | 1914년 1월 11일 호남선 완공

1968년 〈대한제국 애국가〉 발견

오늘, 우리나라 최초의 국가인 〈대한제국 애국가〉의 악보를 발견합니다. 이 곡은 한국에서 작곡된 최초의 서양 음악으로, 대한제국 군악대 지휘자로 초빙된 독일인 프란츠 에케레트에게 동양 음계인 궁상각치우에 바탕을 둔 곡을 의뢰해 1902년 완성되었습니다. 얼마 지나지 않아 1910년 경술국치로 금지곡이 되고 말았지요.

🔍 **연관 날짜** | 1883년 1월 27일 태극기 국기 채택

5월

26

1862년 삼정이정청 설치

오늘, 삼정의 문란을 바로잡기 위해 삼정이정청이 설치됩니다. 세도정치 아래 삼정의 문란과 탐관오리의 착취로 백성들은 비참한 생활을 해야 했습니다. 결국 진주에서 시작된 봉기가 전국으로 확대되자 정부는 진상 조사를 위해 박규수를 안핵사로 파견합니다. 봉기의 원인으로 삼정의 문란이 지적되자 삼정이정청을 설치해 해결하려 했지요.

🔍 **연관 날짜** | 1862년 2월 4일 임술농민봉기

1610년 허준 《동의보감》 완성

오늘, 조선의 의관 허준이 《동의보감》을 완성합니다. 선조의 명을 받아 여러 의원과 함께 편찬을 시작했는데 정유재란이 일어나는 바람에 중단되고 말았지요. 전쟁이 끝난 뒤 허준이 집필을 재개해 광해군 대에 완성했습니다. 《동의보감》은 한의학 백과사전으로, 우리나라 산천에서 쉽게 구할 수 있는 약재를 소개하고 병을 예방하는 방법을 강조해 백성들에게 큰 도움을 주었습니다.

| 🔍 연관 날짜 | 1433년 6월 11일 《향약집성방》 편찬 |

1927년 근우회 창립총회 개최

오늘, 신간회의 자매 단체인 근우회의 창립총회가 개최됩니다. 근우회는 봉건제를 타파하는 여성해방과 일제 침략에서 벗어나는 독립운동이라는 명확한 방향성을 가지고 있었죠. 토론회 및 야학 운동 등을 활발하게 펼쳐나가며 전국에 60여 개의 지회를 갖추기도 했습니다. 일제의 식민지 여성 정책에 반발하며 독립운동을 펼쳐나갔지요.

Q **연관 날짜** | 1927년 2월 15일 신간회 창립

527년 이차돈 순교

오늘, 이차돈이 불교 공인을 위해 순교합니다. 법흥왕은 왕권 강화를 위해 불교 공인을 추진했지만 신라에는 토착 신앙이 강하게 자리 잡고 있어 귀족들의 저항이 거셌습니다. 귀족들이 신성하게 여기는 땅에 사찰을 창건한 이차돈을 벌하라 요구하자 법흥왕은 이를 받아들입니다. 형을 집행하는 날, 이차돈의 목을 베자 흰 피가 솟고 하늘에서 꽃비가 내렸다고 합니다. 이 기이한 현상에 신라인들은 불교를 받아들였다고 하지요.

🔍 **연관 날짜**   1801년 11월 5일 황사영 백서사건

5월
28

1901년 제주교난

오늘, 이재수의 난이라고도 불리는 제주교난이 일어납니다. 조불수호조약으로 천주교 포교가 허용되자, 프랑스 신부의 권력을 등에 업은 일부 천주교도들이 제주도민을 폭행하고 수탈했습니다. 분노한 이재수와 제주도민은 300명이 넘는 천주교도를 죽였지요. 이 사건은 이재수가 교수형에 처해지고 우리나라가 프랑스에 막대한 배상금을 지불하는 것으로 마무리됩니다.

Q **연관 날짜** | 1801년 11월 5일 황사영 백서사건

1101년 원효·의상 시호 추증

오늘, 고려 숙종이 고승 원효와 의상의 덕을 알리기 위해 시호를 내립니다. 원효는 불교 대중화에 공헌했고 의상은 화엄사상으로 신라를 통합해 신라 불교의 전성기를 열었죠. 두 승려는 함께 당으로 유학을 떠나기도 했는데, 여행 도중 원효가 해골에 괸 물을 마시고 깨달음을 얻었다는 이야기가 전해집니다. '모든 것은 마음먹기에 따라 달라진다'는 이치는 오늘날에도 되새겨 봄 직하지요.

🔍 **연관 날짜** 1101년 10월 5일 대각국사 의천 사망

943년 태조 왕건 사망

오늘, 고려를 건국한 태조 왕건이 사망합니다. 여러 호족과 힘을 합쳐 고려를 건국한 왕건은 혼인 관계를 맺어 호족 세력을 포섭하려 했습니다. 이 같은 혼인 정책으로 힘센 호족을 가족으로 만들 수 있었으나 아들이 무려 25명이나 되었지요. 자신이 죽은 뒤 왕위 다툼이 벌어질 것을 걱정한 왕건은 후대 왕이 지켜야 할 열 가지 가르침을 정리한 〈훈요10조〉를 남겼습니다.

🔍 **연관 날짜** | 918년 6월 16일 궁예 사망

1920년 안경신 의거

오늘, 독립운동가 안경신이 일제 통치기관인 평남도청에 폭탄을 던집니다. 3·1운동을 계기로 독립운동에 가담한 안경신은 대한애국부인회에서 활동하다 1920년 상하이로 망명해 대한광복군총영 결사대 일원이 됩니다. 의거 당시 임신 중이었음에도 '아이에게 독립된 나라를 선물해 주고 싶다'는 소망으로 폭탄을 들었지요.

Q **연관 날짜** | 1933년 8월 22일 남자현 순국

1394년 정도전 《조선경국전》 저술

오늘, 정도전이 조선을 다스리는 기본 정책을 정리한 《조선경국전》을 지어 올립니다. 태조 이성계와 함께 새 나라 조선을 세운 정도전은 자연스럽게 최고 실권자 자리에 올랐습니다. 이성계는 정도전에게 정책 결정, 인사 책임, 국가 재정 등 나라의 기틀이 되는 핵심 과제를 도맡겼죠. 《조선경국전》은 이러한 배경에서 탄생한 법제서이자 조선 최초의 헌법입니다.

| 🔍 연관 날짜 | 1470년 11월 8일 《경국대전》 완성 |

1910년 《제국신문》 폐간

오늘, 민족주의적 성격의 일간신문 《제국신문》이 폐간됩니다. 1898년 창간된 《제국신문》은 순 한글로 발행되어 서민과 부녀자들에게 큰 호응을 받았지요. 민족의식을 고취시키려는 목적을 가진 터라 한일의정서 체결과 친일 단체인 일진회 활동을 통렬히 비판하는 글을 싣기도 했지요. 일제의 검열에 정간되는 일이 잦았지만 민중 계몽에 실질적인 힘이 되어 주었습니다.

🔍 **연관 날짜** | 1904년 2월 23일 한일의정서 조인

1886년 이화학당 설립

오늘, 우리나라 최초의 근대적 여성 교육기관인 이화학당이 설립됩니다. 이전까지 여성들의 근대 교육이 이루어지지 않았으나, 미국인 선교사 스크랜튼에 의해 이화학당이 설립됨으로써 전근대적인 여성 교육의 한계에서 벗어날 수 있었죠. 조선의 구습이던 내외법과 축첩제도를 폐지시키며 조선의 여성해방을 이끄는 선구적 역할을 해냅니다. 유관순 열사도 이화학당 출신이지요.

Q **연관 날짜** | 1920년 9월 28일 유관순 순국

8월

1

1907년 대한제국 군대 강제 해산

오늘, 대한제국 군대의 강제 해산식이 진행됩니다. 헤이그 특사 파견을 빌미로 고종을 강제 퇴위한 일제는 정미7조약을 체결합니다. 이 조약에 대한제국 군대의 해산이 포함되어 있었지요. 훈련을 위해 모였던 사병들은 영문도 모른 채 무장해제되어 해산해야만 했습니다. 이후 이들은 일제에 대항하기 위해 정미의병에 가담하여 의병의 전투력을 강화시켜 주었지요.

🔍 **연관 날짜** | 1910년 6월 24일 경찰권 박탈

6월

6월 1일 **의병의 날 제정**

6월 2일 **단종복위운동 발각**

6월 3일 **6·3시위**

6월 4일 **월드컵 첫 승리**

6월 5일 **백정기 순국**

6월 6일 **제1회 현충일 추도식**

6월 7일 **봉오동전투 승리**

6월 8일 **김정희 북한산비 해석**

6월 9일 **임오군란**

6월 10일 **6월 민주항쟁**

6월 11일 **《향약집성방》 편찬**

6월 12일 **한국은행 설립**

6월 13일 **문익점 사망**

6월 14일 **대한민국 유네스코 가입**

6월 15일 **6·15남북공동선언 발표**

6월 16일 **궁예 사망**

6월 17일 **《만세보》 창간**

6월 18일 **황국신민서사 제창 지시**

6월 19일 **유신 정권 금지곡 선정**

6월 20일 **이종무 대마도 정벌**

6월 21일 **누리호 2차 발사 성공**

6월 22일 **한일기본조약 조인**

6월 23일 **5만 원권 발행**

6월 24일 **경찰권 박탈**

6월 25일 **6·25전쟁**

6월 26일 **김구 사망**

6월 27일 **5공특위 구성**

6월 28일 **제1차 갑오개혁 실시**

6월 29일 **삼풍백화점 붕괴**

6월 30일 **이산가족찾기 생방송**

8월

8월 1일 대한제국 군대 강제 해산

8월 2일 《제국신문》 폐간

8월 3일 안경신 의거

8월 4일 원효·의상 시호 추증

8월 5일 이차돈 순교

8월 6일 허준 《동의보감》 완성

8월 7일 〈대한제국 애국가〉 발견

8월 8일 남북 동시 유엔 가입 결의

8월 9일 《대동여지도》 보물 지정

8월 10일 광주대단지사건

8월 11일 이범윤 간도 파견

8월 12일 금융실명제 실시

8월 13일 심훈 〈상록수〉 당선

8월 14일 기림의 날 지정

8월 15일 광복

8월 16일 서대문형무소 석방

8월 17일 장준하 사망

8월 18일 판문점 도끼만행사건

8월 19일 조선총독부 관제 개편

8월 20일 을미사변

8월 21일 고려인 강제 이주 결정

8월 22일 남자현 순국

8월 23일 청계천 광통교 복원

8월 24일 허균 사망

8월 25일 손기정 일장기말소사건

8월 26일 제1차 왕자의 난

8월 27일 신채호 〈독사신론〉 연재

8월 28일 히피성 청소년 단속

8월 29일 경술국치

8월 30일 무신정변

8월 31일 장기려 막사이사이상 수상

2010년 의병의 날 제정

오늘은 의병의 날입니다. 나라가 위기에 처했을 때 자발적으로 일어난 백성의 군대를 의병이라 합니다. 임진왜란이 일어나자 경남 의령에서 곽재우가 의병을 일으켜 왜적에 맞섰는데, 붉은 옷을 휘날리며 활약했기에 사람들은 그를 홍의장군이라 불렀습니다. 곽재우가 최초로 의병을 일으킨 날을 양력으로 환산하여 의병의 날로 정하고 나라를 위해 목숨 바친 이들을 기리고 있지요.

Q **연관 날짜** | 1592년 4월 13일 임진왜란

1959년 진보당사건

오늘, 진보당 위원장 조봉암의 사형이 집행됩니다. 조봉암과 진보당원 16명이 받은 혐의는 간첩죄와 국가보안법 위반. 1956년 대통령 선거에서 조봉암이 급부상하자 위협을 느낀 이승만 정권이 국가 변란 혐의를 뒤집어 씌워 처형한 것입니다. 이 사건은 현대사의 대표적인 사법 살인이자 정치 탄압으로 평가받고 있습니다.

Q **연관 날짜**   1960년 2월 28일 2·28대구학생시위

1456년 단종복위운동 발각

오늘, 단종의 복위를 도모하던 성삼문의 거사가 발각됩니다. 수양대군은 어린 조카 단종을 폐위하고 세조로 즉위했죠. 이 잔인한 왕위 찬탈에 분개한 문·무신들은 세조와 측근을 제거하고 단종의 복위를 결의합니다. 그러나 계획이 새어 나가 주동자 대부분이 처형당했는데 이때 죽은 성삼문, 박팽년 등 6명의 관리를 사육신이라 부릅니다.

🔍 연관 날짜 | 1453년 10월 10일 계유정난

1909년 지석영 《자전석요》 간행

오늘, 국어학자 지석영이 한자의 음과 새김을 한글로 표기한 옥편 《자전석요》를 간행합니다. 지석영은 아동의 한자 학습을 위하여, 그리고 실생활에서 사용하는 한자의 뜻과 음이 혼란스러워 서로 구별되지 않는 점을 바로잡기 위하여 이 책을 편찬한다고 밝혔지요. 《자전석요》는 광복 이후에도 간행될 정도로 우리나라에서 가장 널리 애용된 옥편으로 자리매김했습니다.

🔍 **연관 날짜** 1876년 11월 7일 주시경 출생

1964년 6·3시위

오늘, 한일회담에 반대하며 6·3시위가 일어납니다. 경제 발전을 목표로 내건 박정희 정부는 일본과 국교를 정상화해 자금을 마련하려 했습니다. 일본의 사과도 없이 수교를 맺는다는 사실에 시민들은 "민족적 민주주의는 죽었다"라고 외치며 시위에 나섭니다. 그러나 정부는 계엄령을 선포하고 시위대를 진압해버렸지요.

🔍 **연관 날짜** | 1965년 6월 22일 한일기본조약 조인

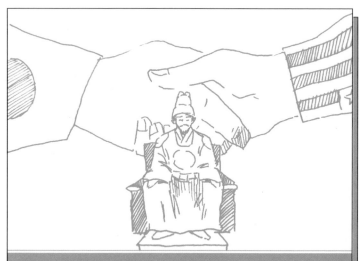

1905년 가쓰라·태프트밀약 체결

오늘, 일본과 미국이 가쓰라·태프트밀약을 체결합니다. 일본은 대한제국을, 미국은 필리핀을 지배하는 데 상호 양해한 합의였지요. 세계로부터 대한제국의 지배권을 인정받으려 한 일본의 치밀한 준비였습니다. 러일전쟁으로 대한제국의 지배권을 쟁취한 일본은 을사늑약까지 체결합니다. 세계는 일본의 침략을 눈감았죠. 식민지 땅따먹기에 한창이던 열강의 냉정함이 드러나는 사건이었습니다.

🔍 **연관 날짜** | 1905년 11월 17일 을사늑약 체결

2002년 월드컵 첫 승리

오늘, 한일월드컵 폴란드전에서 우리나라가 2:0으로 본선 첫 승을 거둡니다. 역사상 최초로 두 나라에서 공동 개최한 FIFA 월드컵에서 한국이 무려 48년 만에 거머쥔 첫 승리였지요. 경기 때마다 광장을 붉게 물들였던 붉은악마의 응원 덕분일까요? 우리나라 국가대표는 4강 진출의 쾌거를 이루며 역대 최고 성적을 기록합니다.

🔍 **연관 날짜** | 1988년 9월 17일 서울올림픽 개막

7월
28

2000년 통일탁구대회 개최

오늘, 평양체육관에서 남·북한의 탁구 대회가 열립니다. 삼성전자가 평양에 현지 공장 설립을 앞두고 평양체육관에 전광판을 기증하면서 친선경기를 주최한 것이지요. 이번 대회는 MBC와 북한 중앙조선TV의 기술협력으로 스포츠 사상 최초로 남북한에 동시 생중계되었습니다.

🔍 **연관 날짜** 1963년 1월 24일 로잔남북체육회담 개최

1934년 백정기 순국

오늘, 독립운동가 백정기가 옥중에서 순국합니다. 그는 서울에서 3·1운동을 목격한 뒤 독립선언문을 가지고 고향의 동지들을 규합해 항일운동을 이끌었습니다. 일본 군사시설을 파괴하는 등 무장투쟁을 전개하려다 발각되자 만주로 망명했죠. 1933년 상하이에서 일본 정치인, 친일파 등 100여 명이 연회를 갖는다는 사실을 알고 거사를 준비하다 일제에 체포되어 종신형을 선고받았습니다.

🔍 **연관 날짜**　　1946년 7월 6일 삼(三)의사 국민장

1953년 정전협정 체결

오늘, 6·25전쟁을 중단하기 위한 정전협정이 체결됩니다. 이 협정으로 38도선이 군사분계선으로 설정되었지요. 3년간 지속된 전쟁으로 군인 뿐 아니라 수많은 민간인이 목숨을 잃었고, 1000만여 명의 이산가족과 10만여 명의 전쟁고아가 생겨났습니다. 피난을 위해 폭파한 한강인도교를 포함해 대부분의 도로, 철도, 주택, 학교 등이 파괴됐지요. 다시는 일어나지 말아야 할 동족상잔의 비극입니다.

🔍 **연관 날짜**　1983년 6월 30일 이산가족찾기 생방송

1956년 제1회 현충일 추도식

오늘은 현충일입니다. 6·25전쟁이 휴전되고 3년이 지난 1956년, 정부는 순국선열과 전쟁으로 목숨을 잃은 군인들의 넋을 추모하기 위해 현충기념일을 제정합니다. 지금 우리가 누리는 평화는 청춘을 바친 순국선열의 숭고한 희생이 있었기 때문이겠지요? 추모하는 마음으로 감사 인사를 드립니다. 감사합니다.

🔍 **연관 날짜** | 1950년 6월 25일 6·25전쟁

1950년 노근리양민학살사건

오늘, 6·25전쟁 중 미군이 양민을 학살하는 사건이 일어납니다. 피난민 속에 북한군이 잠입했을 것으로 생각한 미군은 충북 영동 노근리의 경부 선 철도 아래와 쌍굴다리 속에 피신하고 있던 인근 마을 주민 수백 명을 무차별 사격합니다. 줄곧 은폐되어온 이 사건은 소설《그대 우리의 아픔 을 아는가》를 통해 세상에 드러나게 되었죠. 노근리 쌍굴다리에는 그날 의 참상을 기억하는 무수한 총탄 자국이 여전히 남아 있습니다.

🔍 **연관 날짜** 　1948년 4월 3일 제주4·3사건

1920년 봉오동전투 승리

오늘, 만주 봉오동에서 홍범도 장군이 이끄는 독립군 연합 부대가 일본군을 상대로 승리합니다. 3·1운동 이후 만주, 연해주 일대에서 수많은 독립군이 조직되자 일제는 두만강을 건너 독립군을 공격했습니다. 독립군은 일본군을 봉오동 골짜기로 유인해 한꺼번에 공격을 퍼부었고 일본군은 수백 명의 사상자를 내고 물러났습니다. 독립 전쟁의 첫 승을 안겨준 전투로 이후 독립군의 사기를 크게 높였지요.

🔍 **연관 날짜** | 1920년 10월 21일 청산리대첩

1894년 청일전쟁

오늘, 조선 땅에서 조선 지배권을 둘러싸고 청과 일본 간에 전투가 일어납니다. 조선 정부가 청에 동학농민혁명 수습을 요청하자 일본군은 톈진 조약을 빌미로 한반도로 출병합니다. 경복궁을 점령한 일본군은 경기도 안산 풍도 앞바다에서 청군을 기습 선제공격하며 청일전쟁을 일으켰죠. 이 전쟁에서 일본이 승리했고 이후 일본은 조선에 더 적극적으로 개입하기 시작했습니다.

Q **연관 날짜** | 1895년 8월 20일 을미사변

1817년 김정희 북한산비 해석

오늘, 조선 실학자이자 서화가 김정희가 신라 진흥왕이 북한산에 세운 순수비를 해석합니다. 신라 전성기를 이끈 진흥왕은 한강 유역을 차지하고 북쪽으로 함흥평야까지 진출했습니다. 점령한 지역에는 비석을 세워 영토 확장을 기념했지요. 순수는 왕이 나라 안을 살피면서 돌아다닌다는 뜻입니다. 김정희가 순수비의 비문을 해석한 덕분에 진흥왕 대 신라의 모습을 엿볼 수 있게 되었습니다.

| 🔍 연관 날짜 | 1985년 8월 9일 《대동여지도》 보물 지정 |

612년 살수대첩

오늘, 을지문덕 장군이 청천강 일대의 살수에서 수의 군대를 궤멸합니다. 중국을 통일한 수는 무려 113만 병사를 이끌고 고구려를 침공합니다. 고구려의 장수 을지문덕은 전쟁을 장기전으로 끌어 수군이 식량 보급에 어려움을 겪게 했지요. 이후 수 군대가 후퇴하며 살수를 건널 때 총공격을 퍼부어 수 군대를 격파했습니다. 대군을 상대로 큰 승리를 거둔 전투였습니다.

| 🔍 연관 날짜 | 645년 9월 18일 안시성전투 승리 |

1882년 임오군란

오늘, 차별받던 구식 군인들이 반란을 일으킵니다. 개화 정책으로 신식 군대 별기군이 창설되자 구식 군대는 찬밥 신세가 되었습니다. 월급은 1년 넘게 밀렸고, 13개월 만에 봉급으로 받은 쌀에는 모래가 섞여 있었죠. 이 일이 개화 정책 때문이라 여긴 구식 군인들은 불만을 터트리며 난을 일으킵니다. 그러나 이 난이 청군에 의해 진압되는 바람에 청의 내정 간섭은 더욱 심해졌지요.

| Q 연관 날짜 | 1884년 10월 17일 갑신정변 |

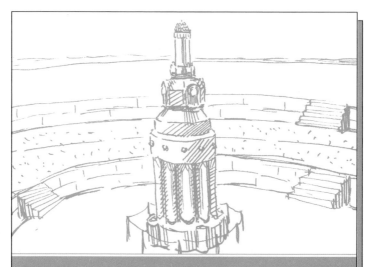

1910년 데라우치 통감 부임

오늘, 제3대 통감으로 임명된 데라우치가 한국에 부임합니다. 그는 약한 달 뒤, 내각총리대신 이완용과 한일병합조약을 조인해 대한제국의 국권을 박탈했지요. 곧바로 제1대 조선총독으로 부임한 데라우치는 총칼을 앞세운 무단통치를 시행했습니다. 이후 조선총독부는 경복궁 일부를 헐어 총독부 건물을 짓는 만행을 벌였지요. 현재 건물은 해체되었고 첨탑만이 독립기념관의 구석지고 어두운 자리에 남겨졌습니다.

| 🔍 연관 날짜 | 1910년 8월 29일 경술국치 |

1987년 6월 민주항쟁

오늘, 대통령 직선제를 이끈 6월 민주항쟁이 일어납니다. 박종철 고문 치사사건과 4·13호헌조치 이후 시민들의 민주화 요구는 날로 높아졌죠. 그런데 시위 과정에서 대학생 이한열이 경찰이 쏜 최루탄에 맞아 피를 흘리며 쓰러집니다. 분노에 찬 100만여 명의 시민들이 거리로 뛰쳐나와 "호헌철폐! 독재타도!"를 외쳤죠. 그들의 간절한 바람 덕분에 지금 우리는 직선제라는 당연한 권리를 누릴 수 있게 됐습니다.

Q 연관 날짜 | 1987년 10월 27일 직선제 국민투표 실시

7월
22

1626년 남한산성 완공

오늘, 인조의 지시로 남한산성이 완공됩니다. 한양을 수호할 목적으로 축조된 남한산성은 험준한 산악 지세를 잘 활용했고 성 안에는 군사 시설과 주민이 거류할 수 있는 시설도 마련되어 있었습니다. 10년 뒤 병자호란이 일어나 인조의 피신 장소로 활용되었지요. 조선 후기 성곽 축조 양식을 잘 보여 주어 2014년 유네스코 세계문화유산으로 등재됩니다.

🔍 **연관 날짜** | 1637년 1월 30일 삼전도 굴욕

1433년 《향약집성방》 편찬

오늘, 우리나라 약재를 집대성한 의약서 《향약집성방》이 완성됩니다. 세종은 그간 중국산 약재로 작성되었던 처방이 조선의 실정과 맞지 않다고 판단하여 우리나라 향토에서 생산된 약재, 즉 향약에 대한 책 편찬을 명합니다. 유호통을 비롯한 이름난 의학자들이 편찬에 착수하여 약 1년 만에 완성하죠. 덕분에 우리의 의약 지식이 학술적 체계를 가지게 됩니다.

🔍 **연관 날짜** | 1430년 2월 19일 박연 의례 음악 정비

1902년 채만식 출생

오늘, 소설가 채만식이 태어납니다. 일제강점기 당대 사회상을 신랄하게 비판하고 풍자적으로 그려낸 채만식은 《탁류》, 《치숙》 등의 작품을 남겼습니다. 그러나 일제가 민족말살정책을 펼치던 1940년대에 일제의 정책 선전에 앞장서는 행동을 취하기도 했지요. 광복 후 단편 〈민족의 죄인〉으로 자신의 친일 행적을 고백해, 최초로 친일 행적을 인정한 작가가 되었습니다.

Q **연관 날짜** 1908년 11월 1일 《소년》 창간

1950년 한국은행 설립

오늘, 우리나라의 중앙은행 한국은행이 영업을 시작합니다. 중앙은행제도는 일제강점기에도 있었으나 당시에는 본연의 기능을 수행하기 어려웠고, 광복 후에야 화폐 발행과 통화 정책 수립의 기능을 갖춘 현대적 중앙은행이 설립됐습니다. 초기에는 중립성이 보장됐으나 박정희 정부 때 은행에 대한 정부 관여를 강화하는 내용의 한국은행법 개정이 이뤄졌지요. 1997년에 다시 개정되며 은행의 중립성과 자율성이 제고됐습니다.

🔍 **연관 날짜**   1956년 3월 3일 대한증권거래소 개소

1898년 최시형 사망

오늘, 동학의 제2대 교주 최시형이 처형됩니다. 동학은 조선 후기 서학 (천주교)에 대항해 동쪽 나라인 우리나라에서 창시되었습니다. 최시형은 교리를 확립하고, 조직을 강화해 포교에 힘썼지요. 신분의 차별을 없애고 만민 평등을 주장한 동학은 핍박받던 농민들 사이에서 들불처럼 번져 나갔습니다. 이후 동학농민혁명의 사상적 근간이 되었고, 혁명에 참여했던 최시형은 교수형에 처해지고 말았지요.

🔍 **연관 날짜** | 2019년 5월 11일 동학농민혁명 기념일 제정

1398년 문익점 사망

오늘, 우리나라에 목화씨를 들여온 문익점이 사망합니다. 고려 문신 문익점은 원에 사신으로 갔다가 목화씨 10여 개를 가지고 왔습니다. 겨울철 추위에 고통받는 백성들에게 온기를 선물하기 위해서였죠. 문익점은 그의 장인과 목화 재배에 성공해 사람들에게 목화 재배와 무명 제작 기술을 나누어 주었습니다. 덕분에 많은 사람이 따뜻한 면직물 옷을 입게 되었지요.

🔍 **연관 날짜** | 1985년 8월 9일 《대동여지도》 보물 지정

7월

19

1947년 여운형 사망

오늘, 독립운동가 여운형이 암살됩니다. 여운형은 3·1운동부터 대한민국 임시정부 수립까지 우리나라 독립운동사에 굵직한 족적을 남긴 인물입니다. 광복 이후에는 좌우합작운동을 통해 한반도에 통일 정부를 수립하기 위해 노력했지요. 통일 정부에 반대하는 세력에게 여러 차례 위협을 받다가 결국 저격을 당해 숨졌습니다. 그는 죽는 순간까지 '조국' 그리고 '조선'이라는 말을 남겼다고 합니다.

🔍 **연관 날짜** 1946년 10월 7일 좌우합작7원칙 발표

6월
14

1950년 대한민국 유네스코 가입

오늘, 우리나라가 유네스코의 55번째 회원국이 됩니다. 유네스코는 1945년에 교육·과학·문학 분야의 국제 협력을 통한 세계 평화를 목적으로 창설됐습니다. 우리나라는 회원국이 됨으로써 국제 사회로 진출하는 첫걸음을 내디뎠으나 11일 만에 6·25전쟁이 발발했습니다. 다행히 유네스코의 도움으로 전쟁 중에도 천막 교실을 열 수 있었지요.

🔍 **연관 날짜** | 1991년 8월 8일 남북 동시 유엔 가입 결의

660년 백제 멸망

오늘, 약 700년의 역사를 간직한 백제가 나당 연합군에 의해 멸망합니다. 백제는 근초고왕 대에 영토를 확장하며 삼국 중 가장 먼저 전성기를 맞이했고, 눈부신 문화를 이룩했습니다. 백제가 망하자 의자왕의 삼천궁녀가 낙화암에서 뛰어내렸다는 이야기가 널리 알려져 있는데요. 이 이야기는 사실 역사서에 기록되지 않았습니다. 후대에 백제 멸망의 이유를 붙이기 위해 과장되어 전해진 이야기지요.

🔍 **연관 날짜** 668년 9월 21일 고구려 멸망

2000년 6·15남북공동선언 발표

오늘, 평양에서 개최된 남북정상회담에서 공동선언이 발표됩니다. '햇볕 정책'으로 남·북한 관계를 화해와 평화로 풀어가던 김대중 대통령이 김정일 국방위원장을 만나 구체적인 통일 방안을 모색했지요. 분단 55년 만에 남북 정상이 처음으로 직접 만나 경제 협력과 문화 교류를 논의한 역사적인 순간이었습니다. 통일을 향한 발걸음을 이어가다 보면 언젠가 하나될 날이 오지 않을까요?

🔍 **연관 날짜**   2002년 11월 27일 개성공단 경제특구 지정

1948년 대한민국 헌법 공포

오늘은 제헌절입니다. 5·10총선거로 선출된 국회의원이 모여 제헌국회가 구성되었고, 이들은 국민의 주권, 자유, 평등을 기반으로 헌법의 기틀을 마련했습니다. 그리고 1948년 오늘 대한민국 헌법이 공포되었지요. 대한민국 헌법 제1조 2항은 "대한민국 주권은 국민에게 있고, 모든 권력은 국민으로부터 나온다"라고 말하며 이 나라의 주인이 누구인지 분명히 명시하고 있습니다.

🔍 **연관 날짜**   1941년 11월 28일 대한민국 건국강령 발표

918년 궁예 사망

오늘, 후고구려를 건국한 궁예가 사망합니다. 통일신라 말 호족 2세대로 세력을 모은 궁예는 지금의 개성인 송악에 후고구려를 건국하죠. 기세등 등하게 개국했으나 최후는 비참했습니다. 그는 자기를 미륵불이라 부르고 관심법으로 다른 사람의 마음을 읽을 수 있다고 주장하며 폭정을 일삼았죠. 결국 총애하던 장수 왕건에 의해 쫓겨난 궁예는 산 속에서 백성들에게 피살되었다 전해집니다.

🔍 **연관 날짜** | 943년 5월 29일 태조 왕건 사망

7월
16

1997년 동성동본 금혼 위헌 결정

오늘, 헌법재판소에서 동성동본 금혼에 대해 헌법 불합치 판결을 내립니다. 동성동본은 성과 본관이 같은 사람들로, 2005년 동성동본 금혼 제도가 폐지될 때까지 동성동본 부부는 법적으로 혼인신고를 할 수 없었습니다. 행복추구권과 남녀평등 원칙에 위배된 조항이었지요. 이 제도가 폐지되고 나서는 8촌 이내의 혈족, 6촌 이내의 인척 사이에서의 혼인이 제한되고 있습니다.

🔍 **연관 날짜**　　2005년 3월 2일 호주제 폐지안 의결

1906년 《만세보》 창간

오늘, 천도교에서 일간신문 《만세보》를 창간합니다. 천도교 교주 손병희의 발의로 민족 계몽을 목적으로 창간된 《만세보》는 국한문을 혼용해 누구나 읽을 수 있도록 했죠. 친일 단체 일진회와 을사오적을 강하게 비판하는 논설을 싣고, 신소설 〈혈의 누〉를 우리나라 신문 사상 첫 번째로 50회에 걸쳐 연재하기도 했습니다. 그러나 경영난을 이기지 못하고 약 1년 만에 종간되고 맙니다.

🔍 **연관 날짜** | 1898년 7월 20일 최시형 사망

1915년 대한광복회 결성

오늘, 국내 비밀결사 조직 대한광복회가 결성됩니다. 총사령을 맡았던 박상진은 판사로 임용되어 평양법원에 발령되었던 만큼 엘리트였습니다. 그러나 경술국치 이후 판사직을 내던지고 독립운동에 투신했지요. 내 나라의 독립을 위해 싸우다 잡혀온 사람들을 판결할 수 없다는 이유였습니다. 촉망받는 판사로 살 수 있었던 그는 청춘을 의열 투쟁으로 불태웠습니다.

🔍 **연관 날짜**   1920년 10월 21일 청산리대첩

1938년 황국신민서사 제창 지시

오늘, 조선총독부 학무국이 교실에서 황국신민서사를 제창하도록 지시합니다. 일제에 충성하는 황국신민을 양성하기 위해 각 교실 정면에 서약 액자를 걸고 이를 암송하게 한 것이지요. 이에 그치지 않고 일제는 제3차 조선교육령 개정으로 한국어를 필수가 아닌 선택 과목으로 변경했고 일본어와 일본사의 교육 시간을 확대했습니다.

🔍 **연관 날짜** | 1939년 11월 10일 창씨개명 공포

998년 서희 사망

오늘, 고려 문신 서희가 사망합니다. 993년 거란의 대군이 고려를 침입하자 대신들은 전쟁보다는 땅을 주는 게 낫다고 말하죠. 그러자 서희는 "싸워보지도 않고 적에게 땅을 떼어주는 것은 만세에 치욕으로 남을 것이다"라고 말하고는 직접 거란의 장수를 만났습니다. 거란의 속내를 파악하고 외교 담판을 지어 오히려 강동 6주 땅을 확보했지요. 양쪽 모두 원하는 것을 얻은 훌륭한 외교술이었습니다.

🔍 **연관 날짜**   1031년 9월 9일 강감찬 사망

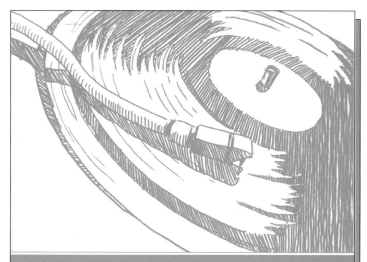

1975년 유신 정권 금지곡 선정

오늘, 긴급조치 제9호에 따라 가요를 재심의합니다. 유신 정권이 대중문화의 퇴폐성이 국가 안보에 악영향을 미친다고 하자, 한국예술공연 윤리위원회가 금지곡을 선정하기로 한 것이지요. 이로써 〈아침이슬〉, 〈고래사냥〉, 〈왜 불러〉를 포함해 222곡을 방송에서 부를 수 없게 됩니다. 사유도 제대로 알려주지 않은 채 금지된 노래들은 1987년이 되어서야 해금되었습니다.

🔍 **연관 날짜** | 1970년 8월 28일 히피성 청소년 단속

1904년 보안회 조직

오늘, 보국안문을 기치로 내건 보안회가 조직됩니다. 일제가 한국의 황무지를 개간해 자국 인구를 분산하고 부족한 식량을 공급하려 하자, 100여 명의 시민이 자발적으로 모여 보안회를 창립하고 '일본 개간권 요구 저지'라는 목적을 분명히 밝혀 민족운동을 전개했지요. 보안회가 개최한 대규모 시민대회에서 이를 강력히 규탄하며 개간권 요구 저지에 성공합니다. 우리의 힘으로 일본의 경제 침탈을 저지한 순간입니다.

🔍 **연관 날짜** | 1907년 2월 21일 국채보상운동

1419년 이종무 대마도 정벌

오늘, 조선의 무신 이종무가 대마도에 상륙합니다. 그간 조선은 왜구의 약탈로 몸살을 앓고 있었지요. 강경책과 유화책을 모두 써봤지만 소용이 없자, 세종의 명을 받아 이종무가 227척의 배에 1만 7,300여 명의 군사를 이끌고 대대적인 토벌을 단행합니다. 덕분에 왜구의 활동을 근절시킬 수 있었고 대일 외교의 방향도 바뀌었지요.

🔍 **연관 날짜**   1107년 12월 4일 윤관 여진 정벌

1498년 무오사화

오늘, 사림파가 대대적으로 숙청되는 무오사화가 일어납니다. 연산군의 아버지 성종의 실록을 편찬하는데, 사초에 김종직의 〈조의제문〉이 실려 있던 것이 발단이 되었지요. 유자광을 중심으로 훈구파는 이 글이 단종의 왕위를 찬탈한 세조를 비판한 내용이라 주장합니다. 자신의 증조할아버지를 비판하는 글에 분노한 연산군은 김종직을 부관참시하고 수많은 사람을 죽이고 유배를 보내며 조정에 피바람을 불러옵니다.

🔍 **연관 날짜** 1506년 9월 2일 중종반정

6월
21

2022년 누리호 2차 발사 성공

오늘, 한국형발사체 누리호가 2차 발사에 성공합니다. 우리나라 최초의 우주센터인 고흥 나로우주센터에서 개발한 누리호는 설계부터 발사까지 우리나라가 자체 개발한 우주 발사체라는 의의가 있습니다. 2021년 1차 발사의 실패를 딛고 실제 위성을 목표 궤도 안에 안착시키는 데 성공하죠. 이를 계기로 대한민국은 세계 7대 우주 강국으로 발돋움하게 되었습니다.

🔍 연관 날짜 | 1988년 2월 17일 남극세종과학기지 준공

1973년 천마총 유물 출토

오늘, 신라 경주 천마총에서 1,500여 년간 잠들어 있던 유물들이 발견됩니다. 하늘을 나는 말을 그린 말다래가 출토되어 천마총이라 부르게 된이 무덤은 주인이 누구인지는 알 수 없으나 5~6세기에 축조된 왕릉급무덤으로 추정하고 있습니다. 천마총에서는 피장자가 금관도 쓴 채로발굴되었는데, 지금까지 발견된 신라 금관 중 가장 크고 화려하다고 합니다.

🔍 **연관 날짜** 1971년 7월 8일 무령왕릉 발굴

1965년 한일기본조약 조인

오늘, 한일 국교를 정상화한 한일기본조약이 조인됩니다. 시민들은 6·3 시위를 일으키며 거세게 저항했지만 정부는 끝내 한일 협정을 맺었죠. 일본은 독립 축하금 명목으로 유·무상 5억 달러를 제공합니다. 경제 개발을 위한 자금은 얻었으나, 이로써 식민 지배에 대한 일본의 진심이 담긴 사과와 배상을 받을 기회는 사라지고 말았습니다.

🔍 **연관 날짜** | 2001년 10월 15일 일본 총리 과거사 반성

1919년 연통제 공포

오늘, 대한민국 임시정부의 비밀 연락망 조직인 연통제가 시행됩니다. 당시 내무총장이던 안창호가 국무원령 제1호를 공포하면서 본격적인 업무가 시작됐지요. 연통제는 일제의 감시를 피해 국내와의 연락 업무, 정보 수집, 자금 수합 등의 임무를 수행해냈습니다. 국권 회복과 독립 달성을 위해 교사, 학생, 선교사 등 다양한 사람들이 참여했지요.

🔍 **연관 날짜**   1919년 4월 11일 대한민국 임시정부 수립

2009년 5만 원권 발행

오늘, 5만 원권 지폐가 처음으로 발행되어 전국에 유통됩니다. 1973년 1만 원권을 발행한 후 36년 만에 발행한 고액권 화폐였죠. 인물로는 신사임당이 선정되었는데, 양성평등과 여성의 사회 참여를 기대하는 의미를 담았습니다. 5만 원권으로 인해 화폐 발행에 필요한 비용이 절감되고 거래 시 편리성이 높아졌으나, 물가를 상승시킨 요인으로 보는 의견도 있지요.

🔍 연관 날짜	1950년 6월 12일 한국은행 설립

660년 황산벌전투

오늘, 황산벌에서 백제와 신라 간의 전투가 벌어집니다. 계백이 이끄는 백제의 결사대는 나당 연합군과 네 차례 치열한 접전을 벌이지요. 10배나 차이나는 병사 규모에도 죽을힘을 다해 싸웠던 백제군은 전투에서 모두 승리합니다. 그러나 신라의 화랑 반굴과 관창이 적진으로 돌진해 싸우다 전사하는 모습을 보여주어 신라군의 사기가 높아졌죠. 결국 백제군 결사대는 신라군에게 무너지고 맙니다.

🔍 **연관 날짜** | 660년 7월 18일 백제 멸망

1910년 경찰권 박탈

오늘, 대한제국 경찰권이 일제에 이양됩니다. 일제는 앞서 기유각서 조인으로 사법권을 박탈해 항일 투쟁을 억압하려 했습니다. 그러나 얼마 뒤 안중근 의거가 일어나자 국권 피탈에 대한 저항을 더욱 강하게 막아야 한다고 판단했지요. 다음으로 넘본 것이 경찰권이었습니다. 정부 대신들이 한국의 경찰사무위탁에 관한 각서에 조인하면서 일제는 대한제국의 일반 경찰권까지 차지하게 됩니다.

🔍 **연관 날짜** | 1910년 8월 29일 경술국치

1971년 무령왕릉 발굴

오늘, 백제 무령왕릉이 발굴됩니다. 백제 무령왕의 무덤으로, 무덤 안에 있던 지석 덕분에 주인을 알 수 있었지요. 무덤의 주인이 밝혀진 유일한 삼국 시대 고분입니다. 우리나라 역사상 최초로 도굴된 적 없는 왕릉이 었던 터라 발견 당시 큰 관심을 받았으나 하룻밤 만에 졸속 발굴을 해 아 쉬움을 남겼습니다. 무덤의 양식과 부장품을 통해 당시 백제가 외국과 활발하게 교류한 것을 알 수 있습니다.

🔍 **연관 날짜** | 1993년 12월 12일 백제금동대향로 발견

6월
25

1950년 6·25전쟁

오늘, 북한의 기습적인 남침으로 6·25전쟁이 발발합니다. 모두가 잠든 새벽, 한반도 위에서 동족상잔의 비극이 시작되었죠. 이 전쟁으로 한반도에 남은 것은 돌과 사람뿐이었습니다. 마치 구석기 시대로 회귀한 것만 같았지요. 오늘날 우리나라는 세계 유일의 분단국이라는 가슴 아픈 꼬리표를 달게 되었습니다. 남과 북이 서로의 상처를 치유하는 평화의 시간이 오길 기다립니다.

| 🔍 연관 날짜 | 1950년 9월 15일 인천상륙작전 |

1970년 경부고속도로 개통식

오늘, 서울과 부산을 잇는 경부고속도로가 개통됩니다. 우리나라 두 번째 고속도로로 1968년에 착공을 시작해 2년 만에 완공했지요. 서울에서 출발해 수원, 대전, 대구, 울산 등 전국 주요 도시를 거쳐 부산까지 416킬로미터를 잇는 국토의 대동맥이라 알려져 있습니다. 경부고속도로의 개통으로 기차로 12시간 걸리던 서울과 부산의 이동 거리가 5시간으로 줄었지요.

🔍 **연관 날짜** 1965년 6월 22일 한일기본조약 조인

6월

26

1949년 김구 사망

오늘, 독립운동가이자 정치인 김구가 암살됩니다. 김구는 대한민국 임시 정부 초대경무국장, 내무총장, 국무령을 역임했을 뿐만 아니라 한인애국 단을 조직해 이봉창과 윤봉길의 의거를 주도하고 항일무력투쟁을 전개 한 민족 지도자였습니다. 그토록 바라던 광복을 맞은 뒤 분단을 막기 위 해 노력했지만 서울 경교장에서 육군 소위 안두희에게 암살되고 말았습 니다.

🔍 **연관 날짜**   1948년 5월 6일 남북협상 공동 성명 발표

1946년 삼(三)의사 국민장

오늘, 독립운동가 이봉창, 윤봉길, 백정기의 유해가 봉환되어 국민장이 거행됩니다. 김구의 주도로 삼(三)의사의 국민장이 치러진 뒤, 유해는 서울 효창공원에 안장되었지요. 일제의 감시를 피해 해외에서 독립운동을 전개했던 세 독립운동가는 한반도에서 광복을 보지 못했습니다. 타지에서 아직 돌아오지 못한 수많은 독립운동가의 유해가 모두 고국으로 돌아오게 될 그날을 기다립니다.

🔍 **연관 날짜** | 1949년 6월 26일 김구 사망

1988년 5공특위 구성

오늘, 제5공화국의 비리를 밝히기 위해 5공 비리조사 특별위원회가 구성됩니다. 5공특위는 서울 연희동 사저, 삼청교육대 등 전두환 정부가 저지른 정치권력형 비리 사건을 조사했지요. 여러 차례 청문회가 열렸으나 여소야대 정국 속에서 제대로 된 처벌 없이 마무리되고 맙니다. 전두환은 정치자금 139억 원과 개인 자산 24억 원 헌납을 약속한 뒤 백담사에 2년간 은둔합니다.

| 🔍 연관 날짜 | 1997년 4월 17일 전두환·노태우 형량 확정 |

1924년 권기옥 첫 단독 비행

오늘, 한국의 첫 여성 비행사 권기옥이 단독 비행에 성공합니다. 비행 후 스승 안창호에게 훈련했던 비행기 앞에서 찍은 사진과 엽서를 보냈지요. 3·1운동을 계기로 독립운동에 투신한 권기옥은 일본 궁성에 폭탄을 투척하겠다는 일념으로 중국의 윈난항공학교에 입학해 항공술을 배웁니다. 당시 대한민국 임시정부는 공군을 조직할 자금이 없었기 때문에 권기옥은 중국 국민혁명군 소속으로 항일투쟁을 이어갔지요.

🔍 **연관 날짜** | 1930년 4월 2일 안창남 사망

6월
28

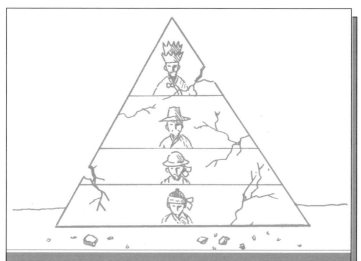

1894년 제1차 갑오개혁 실시

오늘, 제1차 갑오개혁이 실시됩니다. 톈진조약에 따라 조선에 출병한 일본은 경복궁을 점령하고 김홍집을 앞세워 새로운 정권을 수립합니다. 새 정권은 군국기무처를 설치해 갑오개혁을 실시하죠. 제1차 갑오개혁의 핵심은 신분제 폐지. 비로소 한반도에 신분제가 사라지고 평등 사회로 나아가게 됩니다. 갑오개혁은 일본의 압력으로 추진되긴 했지만, 갑신정변과 동학농민혁명의 요구 사항이 반영됐다는 의의도 지니지요.

🔍 **연관 날짜** | 2019년 5월 11일 동학농민혁명 기념일 제정

1972년 7·4남북공동성명 발표

오늘, 분단 이후 남한과 북한이 최초로 통일 정책에 합의한 7·4남북공동성명이 발표됩니다. 비밀리에 만난 남북 실무자는 자주, 평화, 민족 대단결을 중심으로 일곱 가지 사항에 합의했습니다. 이 성명서는 남한의 유신헌법과 북한의 사회주의 헌법 제정에 이용되기도 했지만 남북 간 협의를 이끌어낸 최초의 시도라고 평가되고 있습니다.

🔍 **연관 날짜** ｜ 2000년 6월 15일 6·15남북공동선언 발표

1995년 삼풍백화점 붕괴

오늘, 강남 중심에 위치한 초호화 명품 백화점 삼풍백화점이 붕괴됩니다. 삼풍백화점은 건설 과정에서부터 불법과 비리가 난무했습니다. 부실 공사로 인한 균열 등의 붕괴 조짐이 있었지만 백화점 측은 응급조치만으로 대응했죠. 결국 사건 당일, 건물은 20초 만에 붕괴됩니다. 1,000명 이상의 인명 피해를 남긴 이 사건은 6·25전쟁 이후 가장 큰 인적 피해를 기록했습니다.

🔍 **연관 날짜**   2014년 4월 16일 세월호 참사

1973년 포항제철 준공식

오늘, 포항종합제철 1기 준공식이 열립니다. 모래밭이던 포항 영일만 일대에 철강 103만 톤을 생산할 수 있는 제철소가 설립됐습니다. 박정희 정부의 제3·4차 경제 개발 5개년 계획 중 중화학 공업 발전을 위해 필요한 일이었지요. 이날 오전 7시 30분 제철소의 용광로에서 우리나라 자체 쇳물 생산이 시작됐죠. 포항종합제철은 2002년 포스코(POSCO)로 이름을 변경했습니다.

🔍 연관 날짜 | 1977년 12월 22일 수출 100억 달러 달성

1983년 이산가족찾기 생방송

오늘, 휴전 30주년을 맞아 KBS에서 〈이산가족을 찾습니다〉가 생방송됩니다. 6·25전쟁으로 생이별한 가족을 찾아주기 위한 프로그램이었죠. 방송국 앞에 이산가족이 장사진을 이루자 본래 예정되었던 2시간을 훌쩍 넘겨 무려 138일간 릴레이 방송으로 진행됩니다. 10만여 건의 신청이 접수됐고, 이 중 5만여 건이 방송에 소개되어 약 1만여 건의 이산가족이 헤어진 가족들과 만나게 되었습니다.

| 🔍 연관 날짜 | 1950년 6월 25일 6·25전쟁 |

1896년 독립협회 결성

오늘, 우리나라 최초의 시민단체인 독립협회가 결성됩니다. 서재필을 비롯한 개화 지식인들이 모여 설립한 독립협회는 자강을 통한 자주독립을 이루고자 했습니다. 조선이 중국 사신을 맞이하기 위해 세웠던 영은문 자리에 독립문 건설을 주도했고, 모든 백성이 참여할 수 있는 만민공동회를 개최했지요. 그러나 협회의 급진적인 개혁 방안을 황권에 대한 도전으로 받아들인 고종에 의해 2년여 만에 해산했습니다.

🔍 **연관 날짜** | 1898년 3월 10일 만민공동회 개최

7월

7월 1일 김유신 사망

7월 2일 **독립협회 결성**

7월 3일 포항제철 준공식

7월 4일 **7·4남북공동성명 발표**

7월 5일 권기옥 첫 단독 비행

7월 6일 **삼(三)의사 국민장**

7월 7일 경부고속도로 개통식

7월 8일 **무령왕릉 발굴**

7월 9일 황산벌전투

7월 10일 **연통제 공포**

7월 11일 천마총 유물 출토

7월 12일 **무오사화**

7월 13일 보안회 조직

7월 14일 **서희 사망**

7월 15일 대한광복회 결성

7월 16일 동성동본 금혼 위헌 결정

7월 17일 **대한민국 헌법 공포**

7월 18일 백제 멸망

7월 19일 **여운형 사망**

7월 20일 최시형 사망

7월 21일 **채만식 출생**

7월 22일 남한산성 완공

7월 23일 **데라우치 통감 부임**

7월 24일 살수대첩

7월 25일 **청일전쟁**

7월 26일 노근리양민학살사건

7월 27일 **정전협정 체결**

7월 28일 통일탁구대회 개최

7월 29일 **가쓰라·태프트밀약 체결**

7월 30일 지석영 《자전석요》 간행

7월 31일 **진보당사건**

673년 김유신 사망

오늘, 신라의 명장 김유신이 사망합니다. 김유신은 가야 왕족 출신으로, 그의 집안은 증조할아버지인 구해왕 때 신라로 오게 됩니다. 신라 땅에서 태어난 김유신은 화랑이 되어 주요 전쟁을 승리로 이끌었고, 김춘추와 함께 삼국 통일의 주역으로 자리매김했죠. 신라 충신으로 백성들의 존경을 받은 그는 세상을 떠난 지 160여 년 후 흥무대왕으로 추존되기까지 합니다.

🔍 **연관 날짜** 647년 1월 17일 비담의 난 진압